일본어 펜맨십

일본어

사람 *in*
saramin

ひらがな

あ a	い i	う u	え e	お o
か ka	き ki	く ku	け ke	こ ko
さ sa	し shi	す su	せ se	そ so
た ta	ち chi	つ tsu	て te	と to
な na	に ni	ぬ nu	ね ne	の no
は ha	ひ hi	ふ fu	へ he	ほ ho
ま ma	み mi	む mu	め me	も mo
や ya	(い) i	ゆ yu	(え) e	よ yo
ら ra	り ri	る ru	れ re	ろ ro
わ wa	(い) i	(う) u	(え) e	を o
ん n				

カタカナ

ア a	イ i	ウ u	エ e	オ o
カ ka	キ ki	ク ku	ケ ke	コ ko
サ sa	シ shi	ス su	セ se	ソ so
タ ta	チ chi	ツ tsu	テ te	ト to
ナ na	ニ ni	ヌ nu	ネ ne	ノ no
ハ ha	ヒ hi	フ fu	ヘ he	ホ ho
マ ma	ミ mi	ム mu	メ me	モ mo
ヤ ya	(イ) i	ユ yu	(エ) e	ヨ yo
ラ ra	リ ri	ル ru	レ re	ロ ro
ワ wa	(イ) i	(ウ) u	(エ) e	ヲ o
ン n				

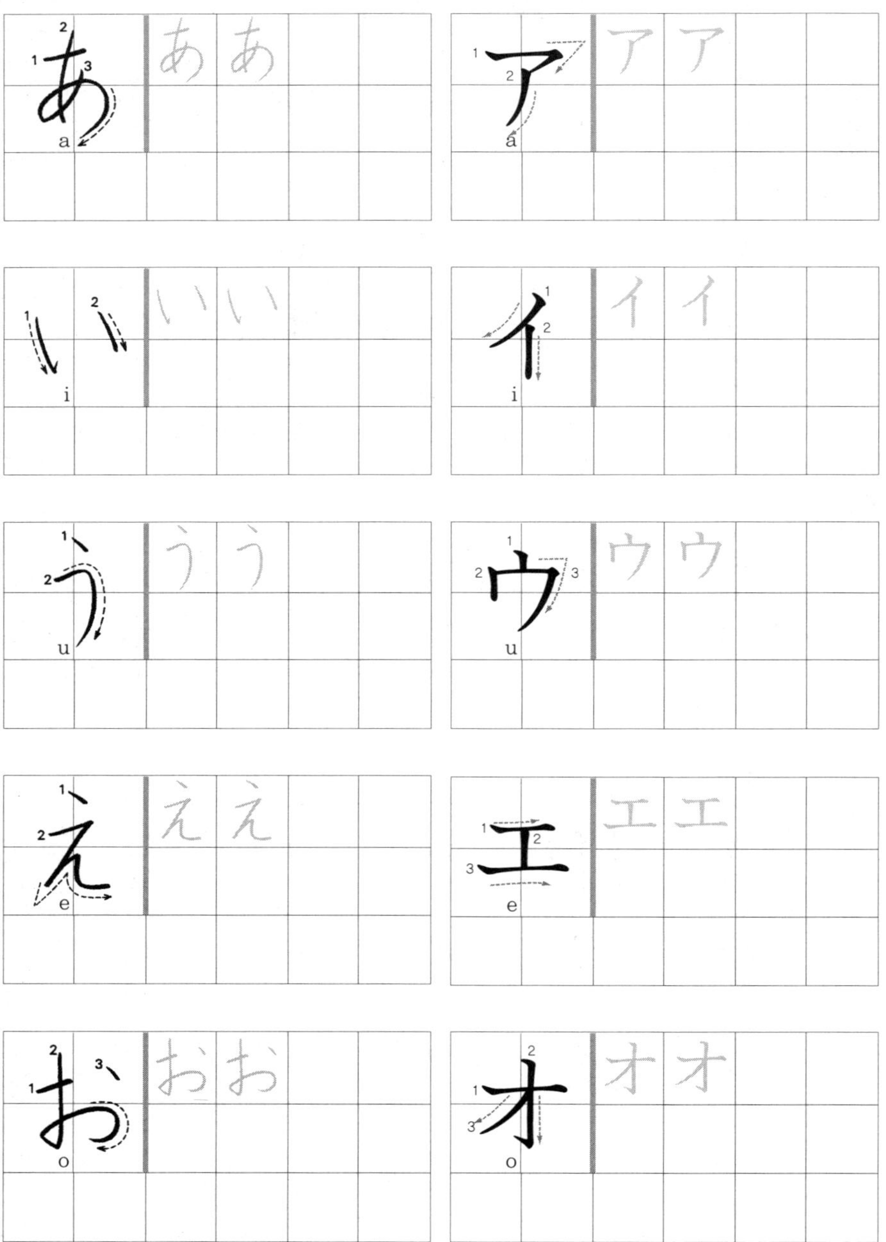

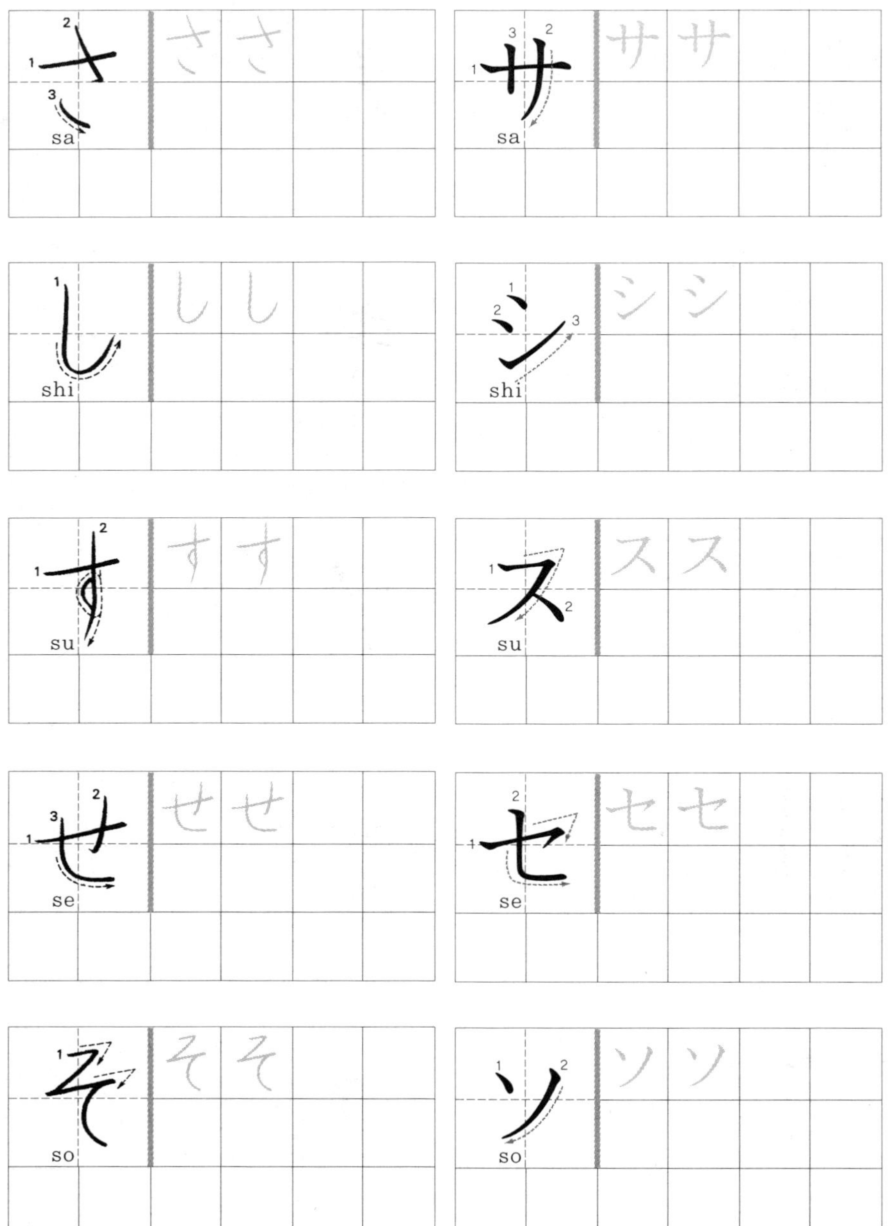

さ
sa
サ
sa
し
shi
シ
shi
す
su
ス
su
せ
se
セ
se
そ
so
ソ
so

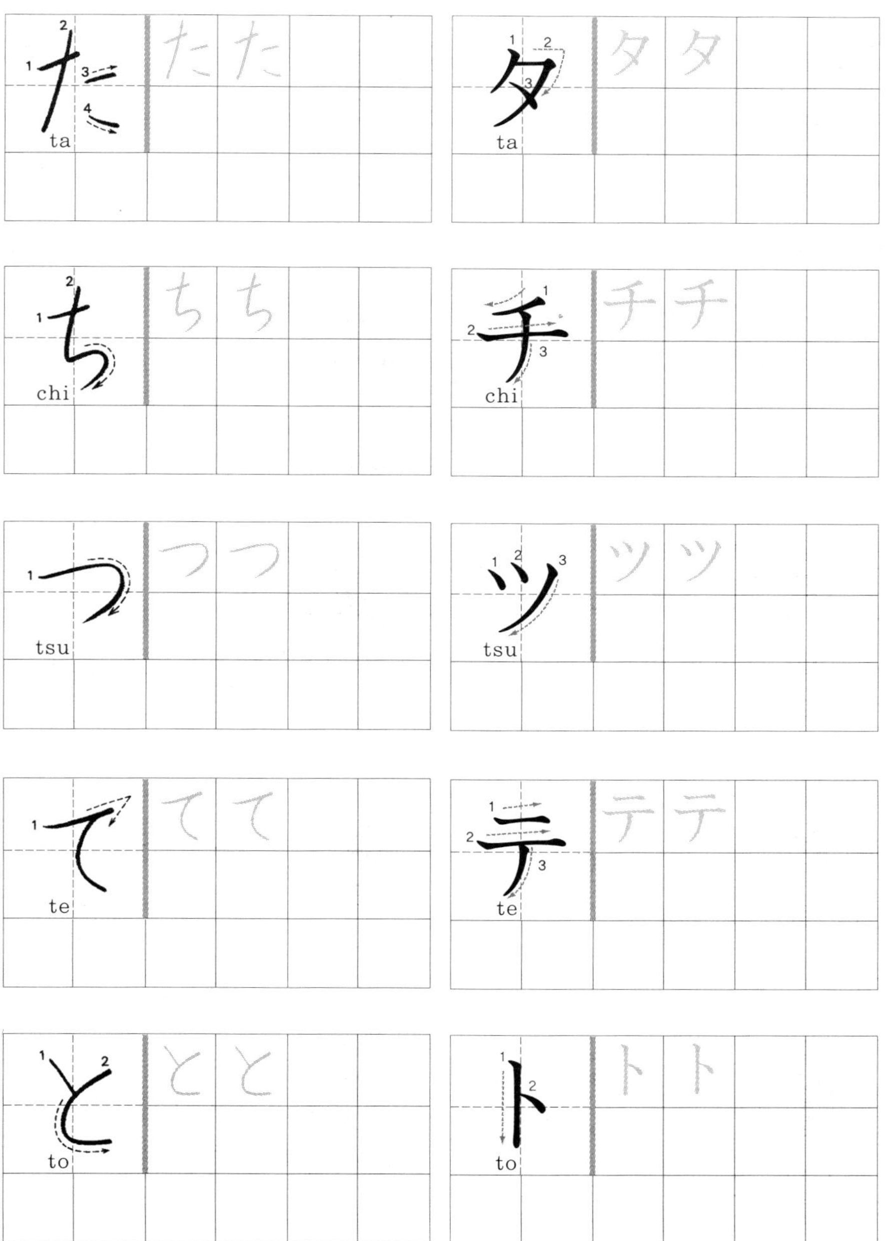

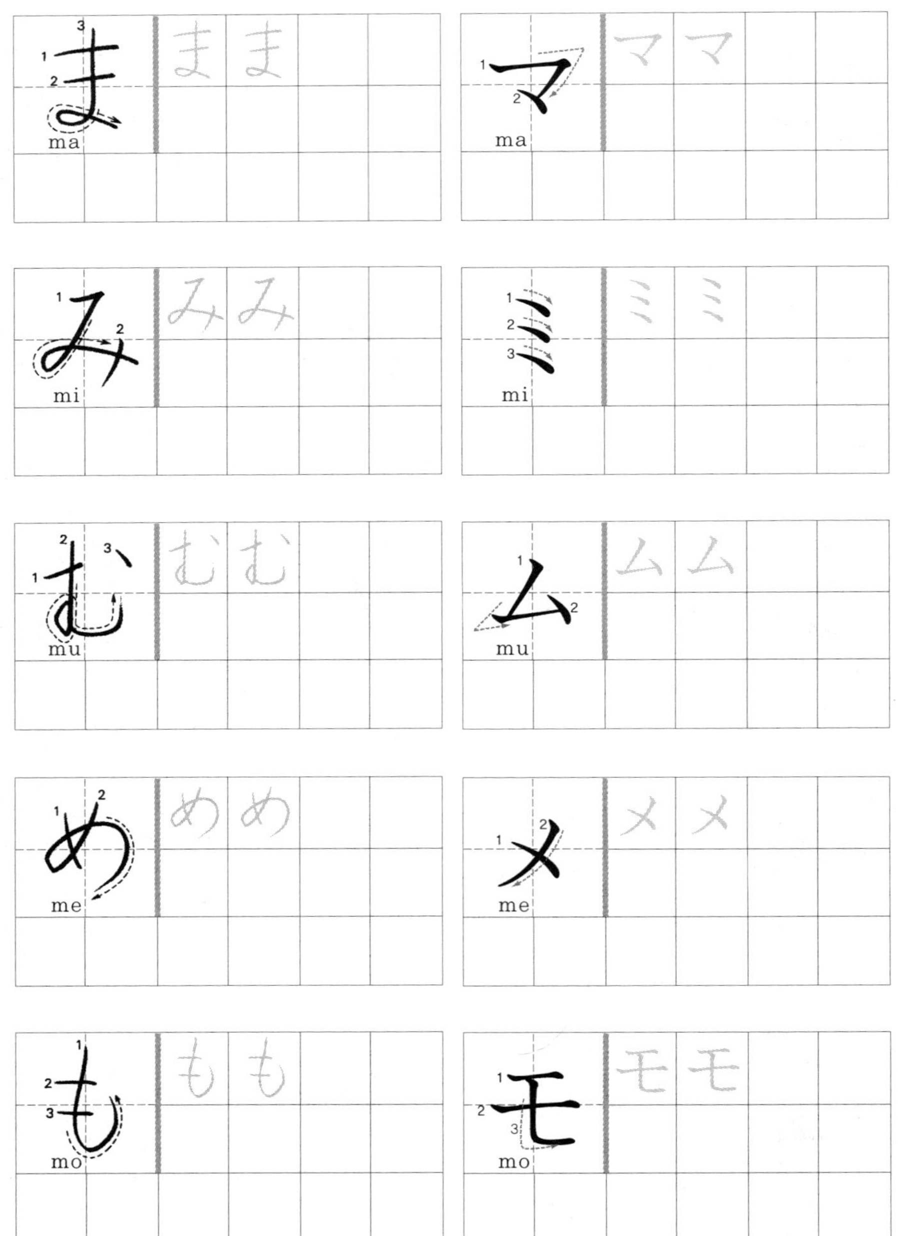

ま
ma
マ
ma
み
mi
ミ
mi
む
mu
ム
mu
め
me
メ
me
も
mo
モ
mo

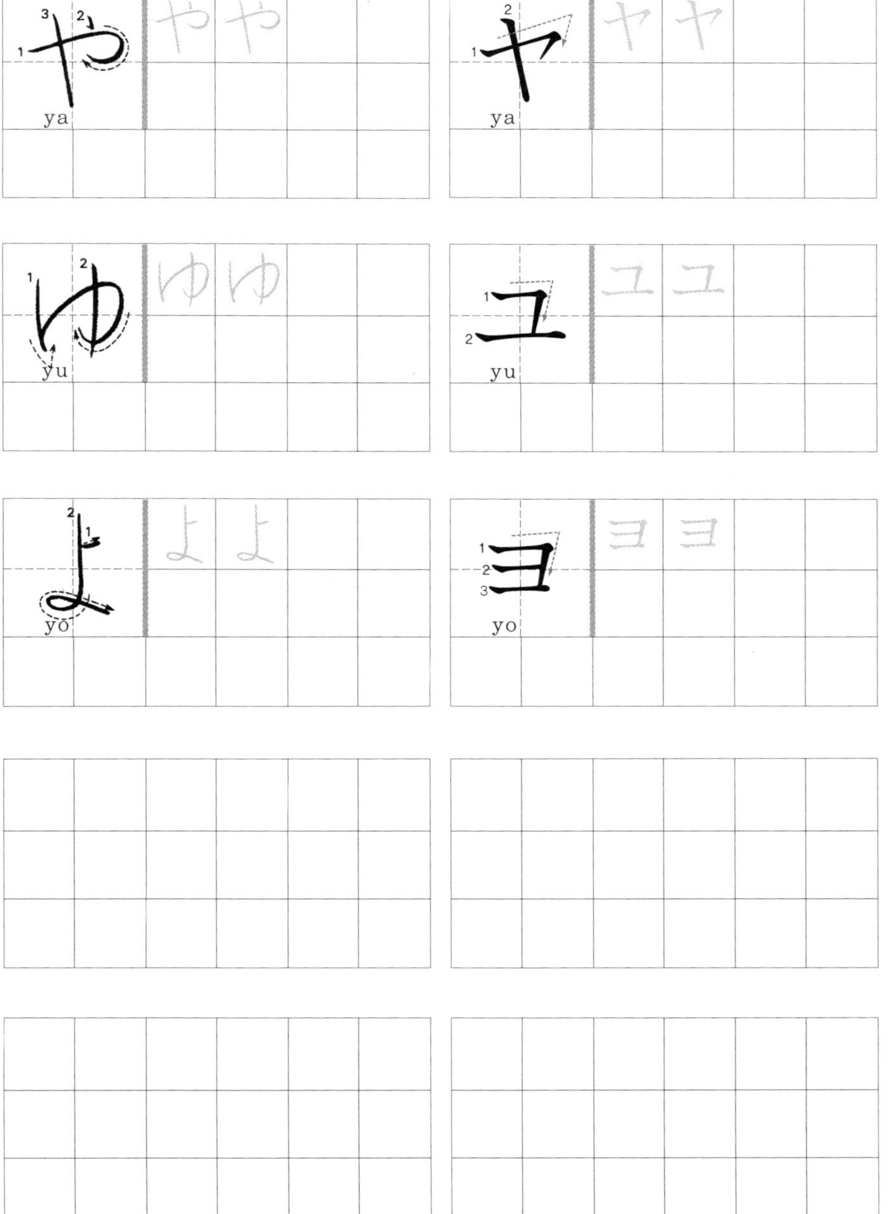

ya
ya
yu
yu
yo
yo

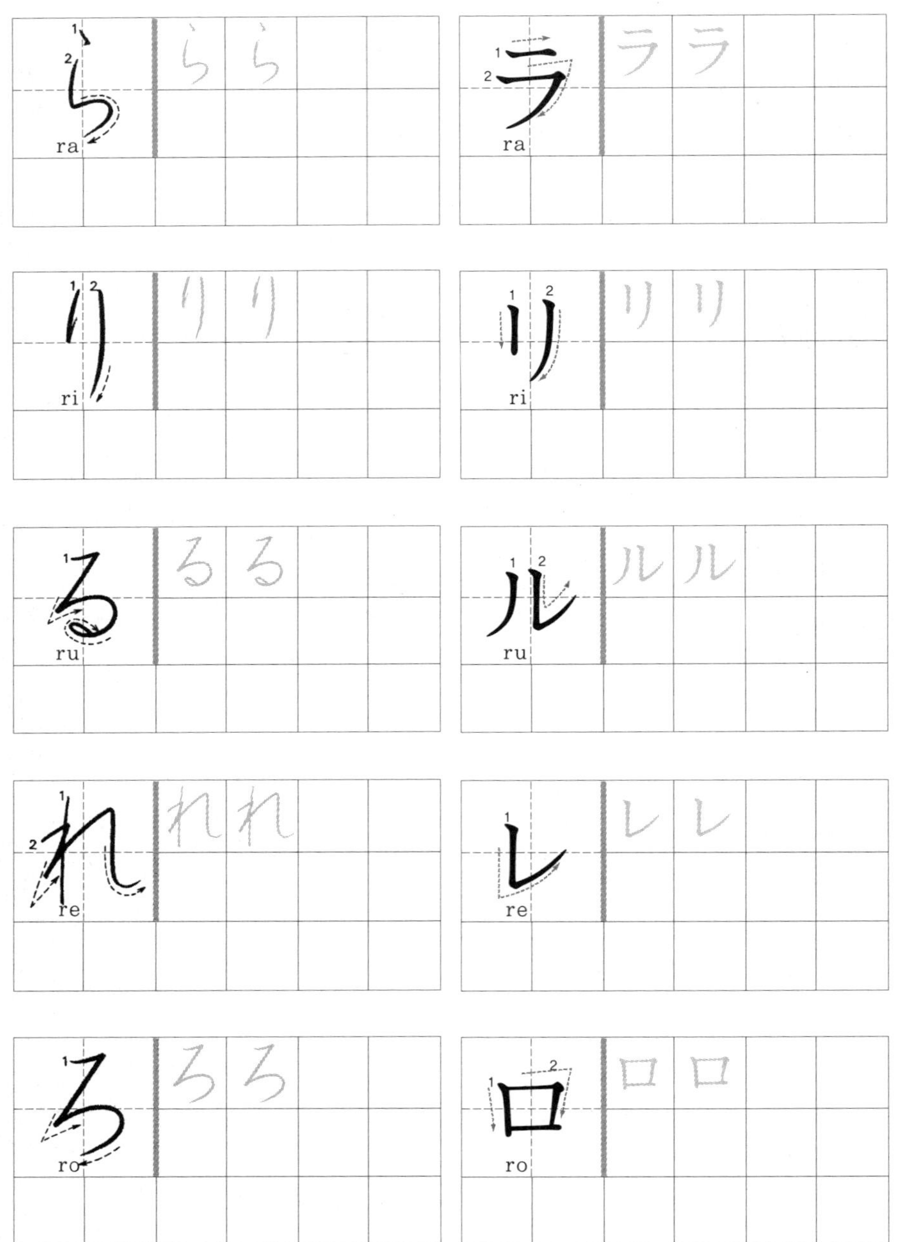

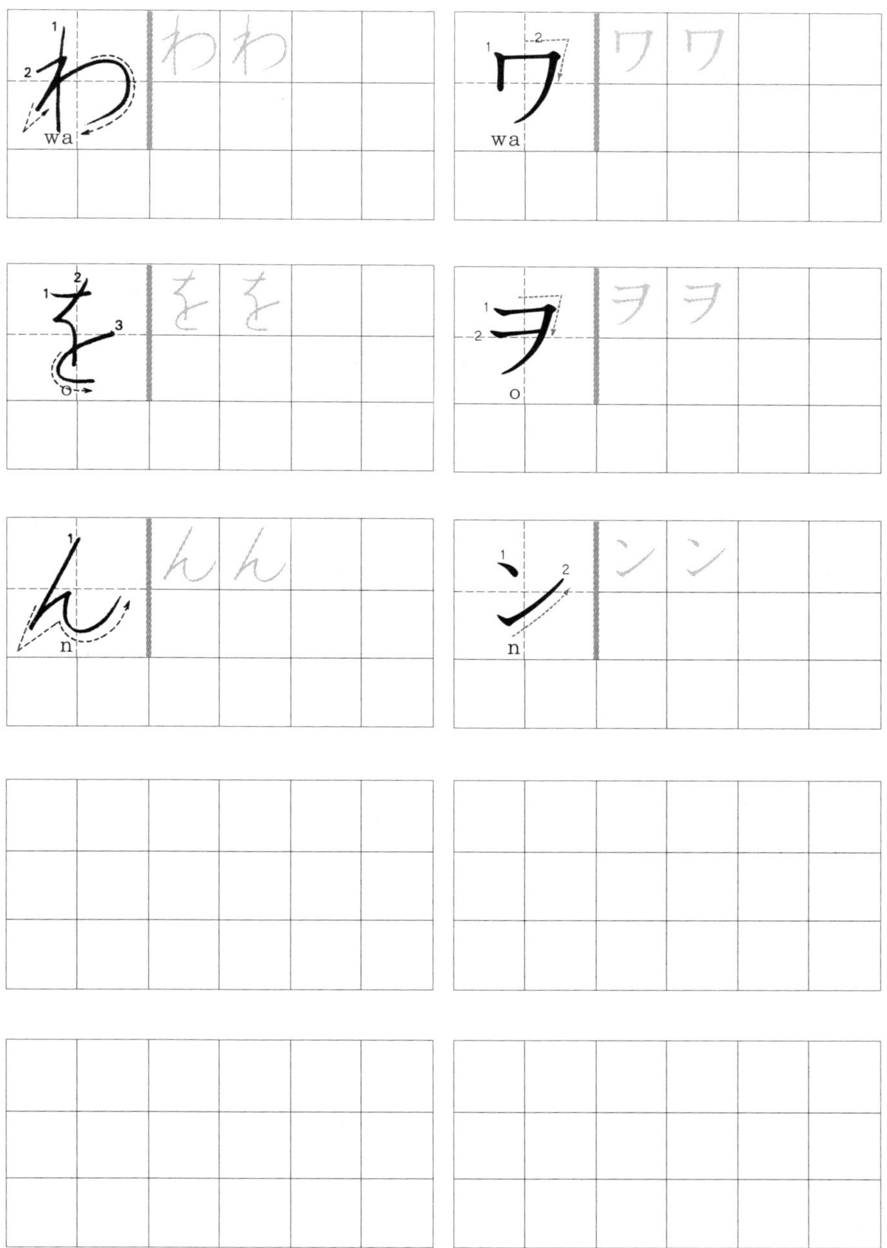
wa
わ わ
wa
ワ ワ
o
を を
o
ヲ ヲ
n
ん ん
n
ン ン

がが | がが
ga

ガガ | ガガ
ga

ぎぎ | ぎぎ
gi

ギギ | ギギ
gi

ぐぐ | ぐぐ
gu

グググ | ググ
gu

げげ | げげ
ge

ゲゲ | ゲゲ
ge

ごご | ごご
go

ゴゴ | ゴゴ
go

ざ za
ザ za
じ dʒi
ジ dʒi
ず zu
ズ zu
ぜ ze
ゼ ze
ぞ zo
ゾ zo

だ da	だ だ		
ダ da	ダ ダ		
ぢ dʒi	ぢ ぢ		
ヂ dʒi	ヂ ヂ		
づ zu	づ づ		
ヅ zu	ヅ ヅ		
で de	で で		
デ de	デ デ		
ど do	ど ど		
ド do	ド ド		

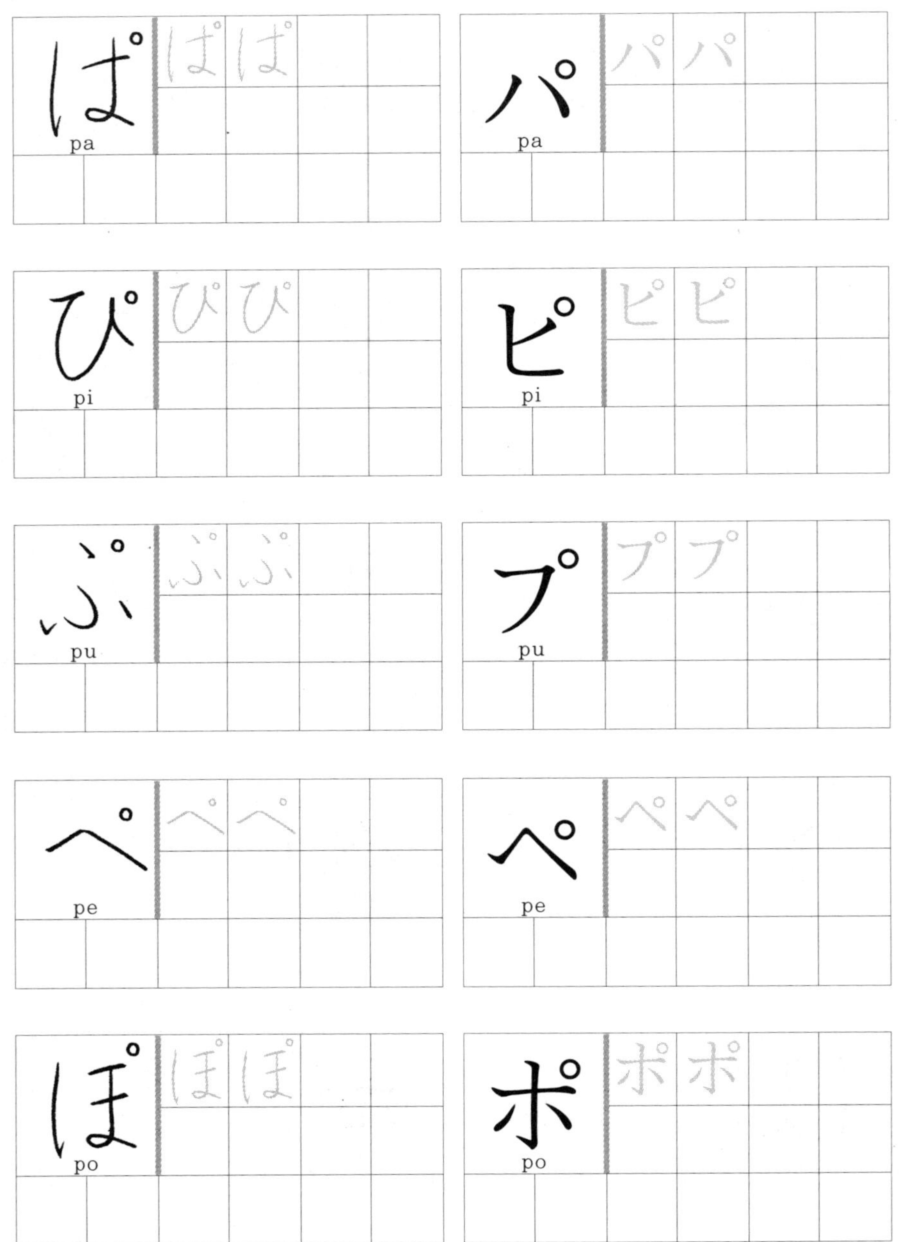

きゃ
kya

キャ
kya

きゅ
kyu

キュ
kyu

きょ
kyo

キョ
kyo

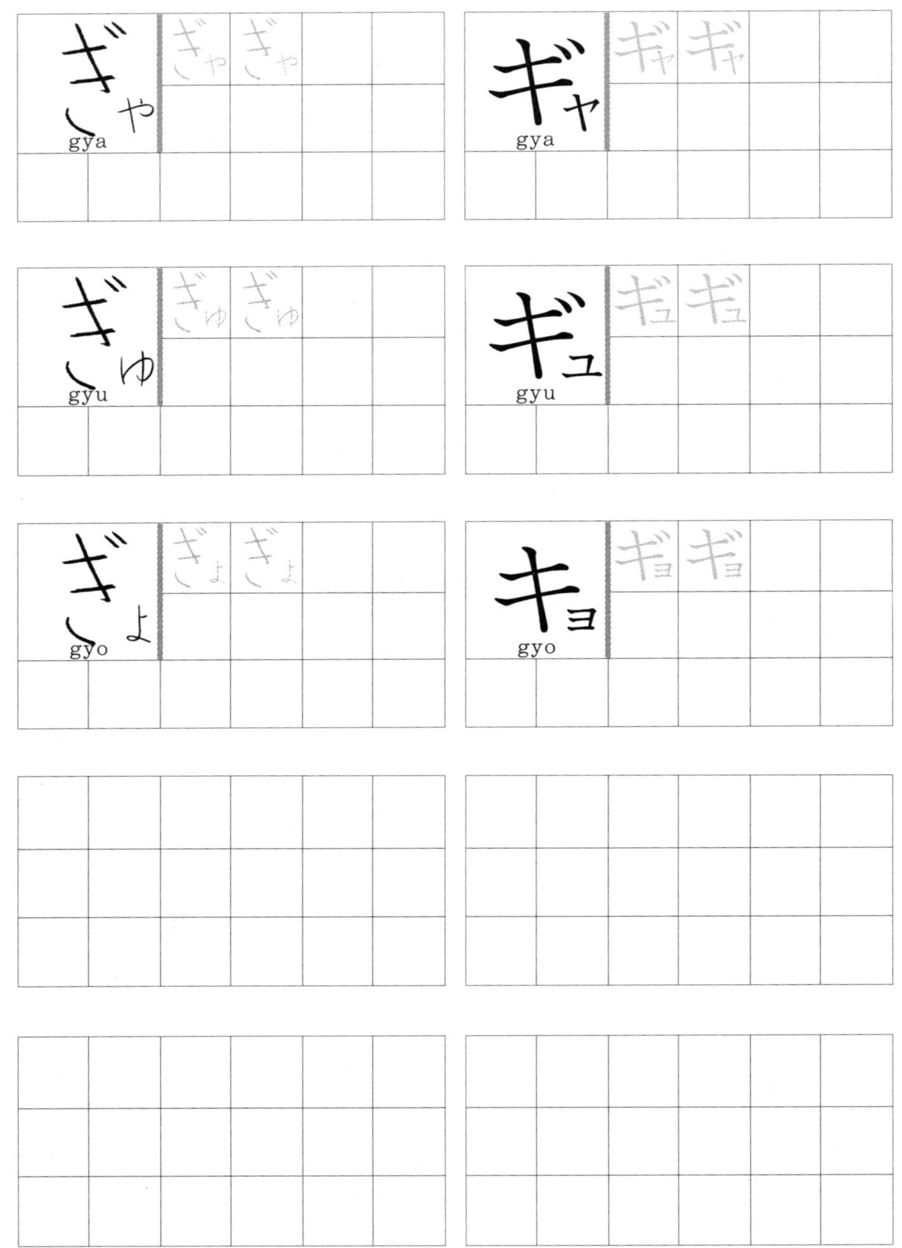

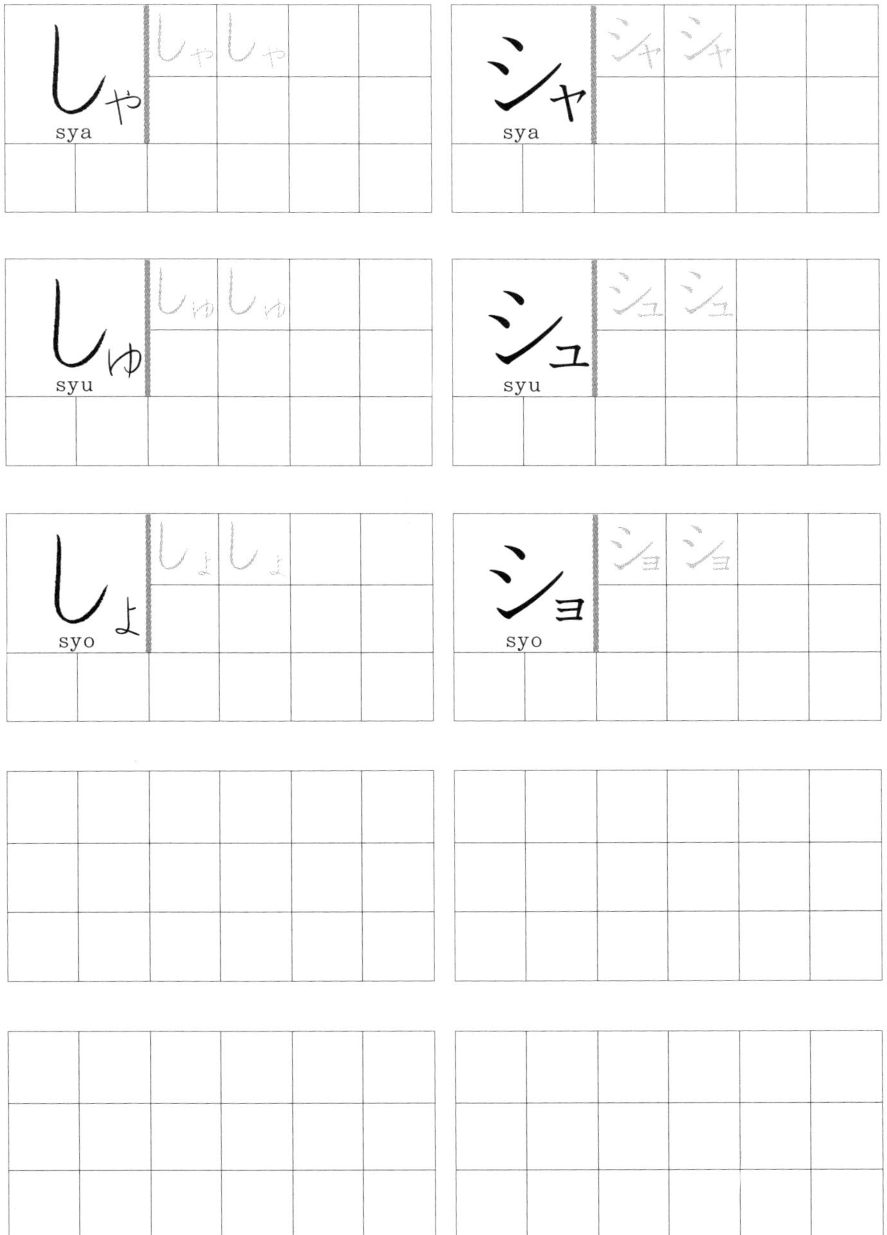
しゃ
sya
シャ
sya
しゅ
syu
シュ
syu
しょ
syo
ショ
syo

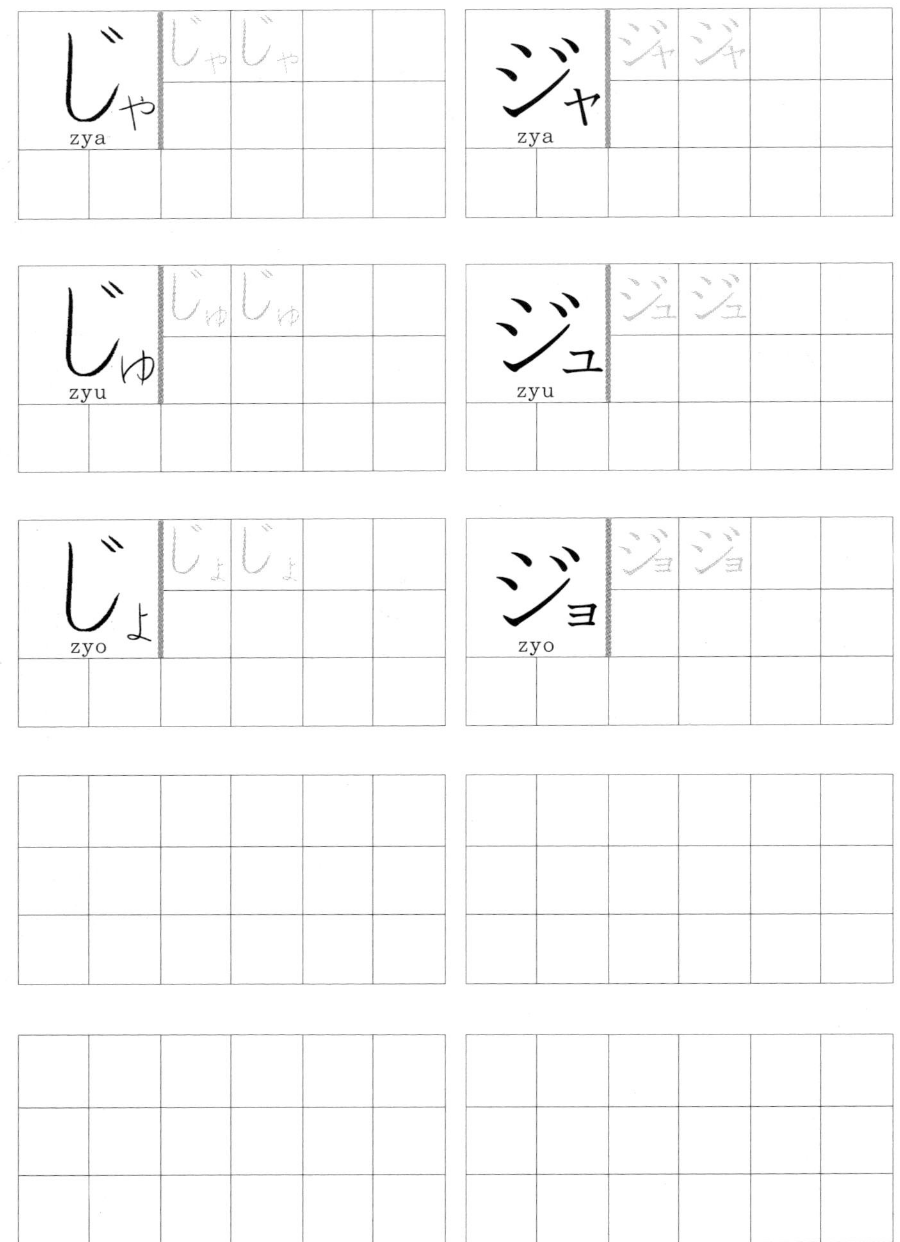

ちゃ ちゃ ちゃ
cha

チャ チャ チャ
cha

ちゅ ちゅ ちゅ
chu

チュ チュ チュ
chu

ちょ ちょ ちょ
cho

チョ チョ チョ
cho

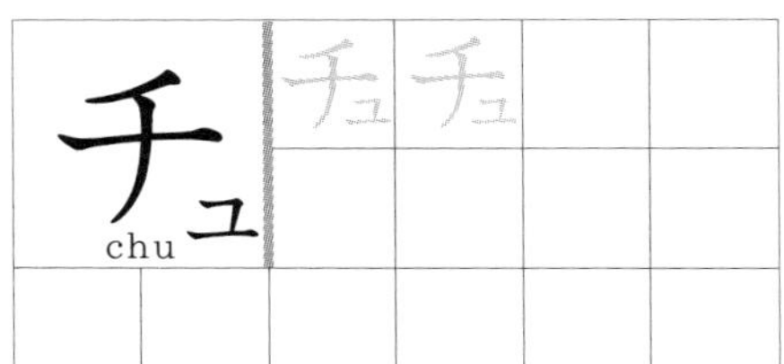

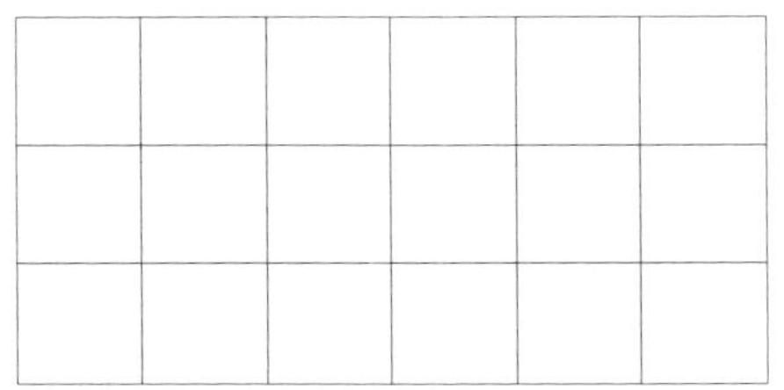

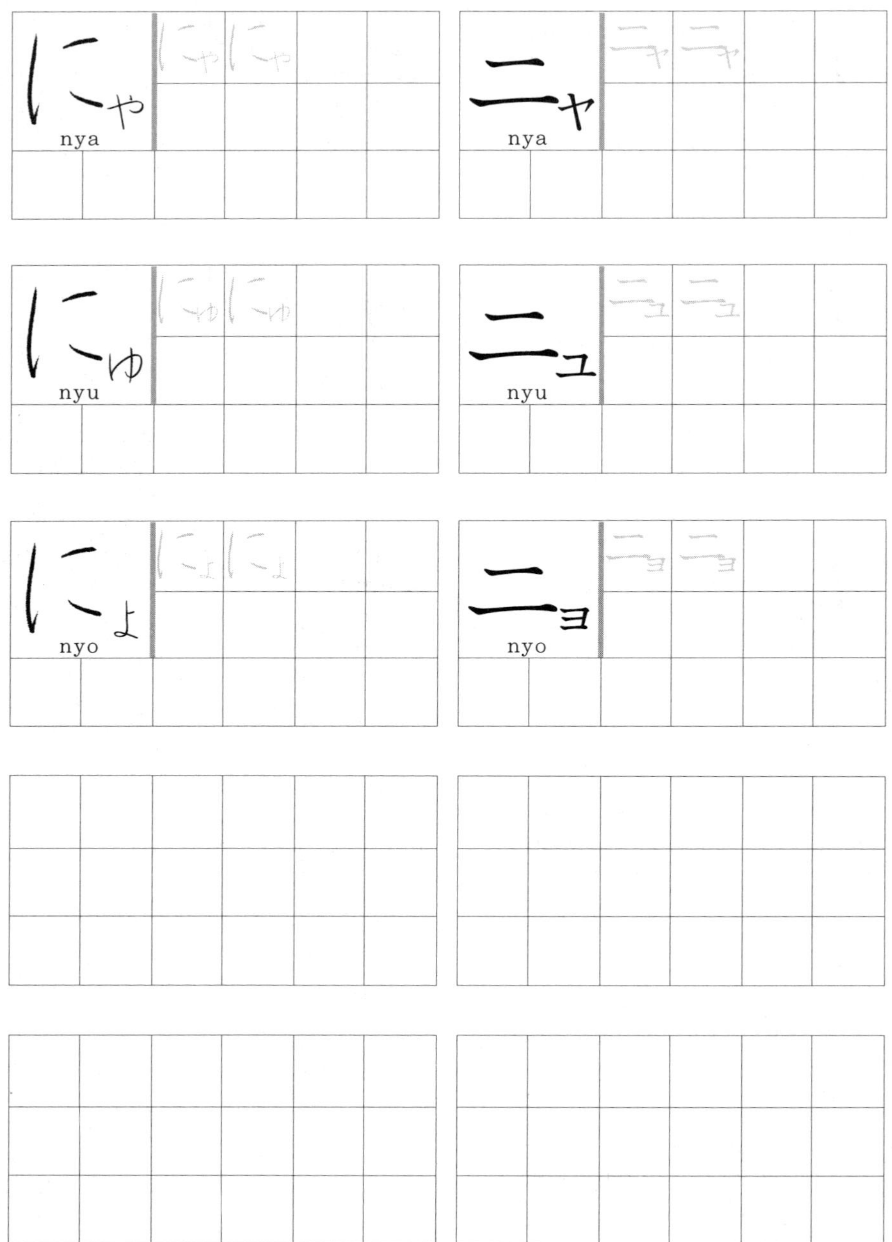

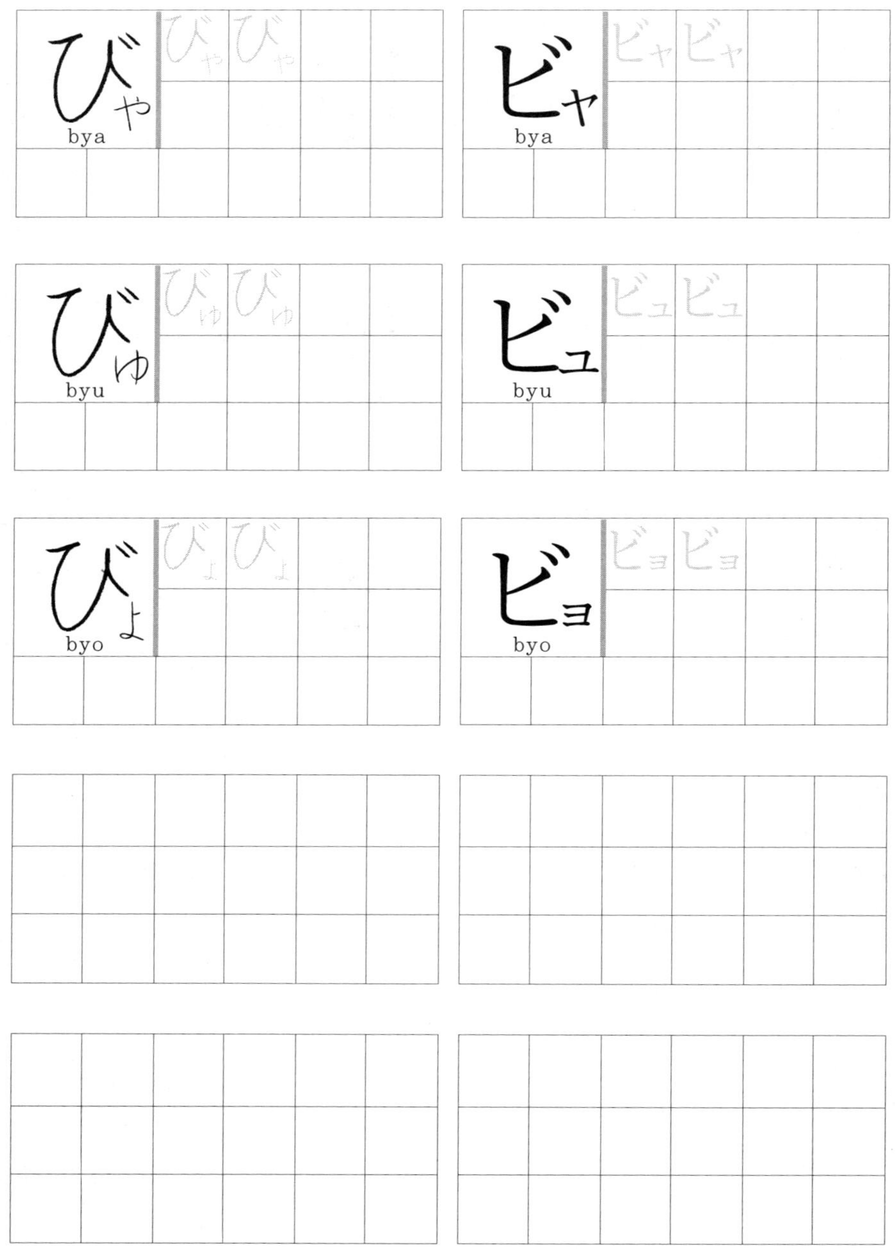

びゃ bya
ビャ bya
びゅ byu
ビュ byu
びょ byo
ビョ byo

ぴゃ pya				
ぴゅ pyu				
ぴょ pyo				

ピャ pya				
ピュ pyu				
ピョ pyo				

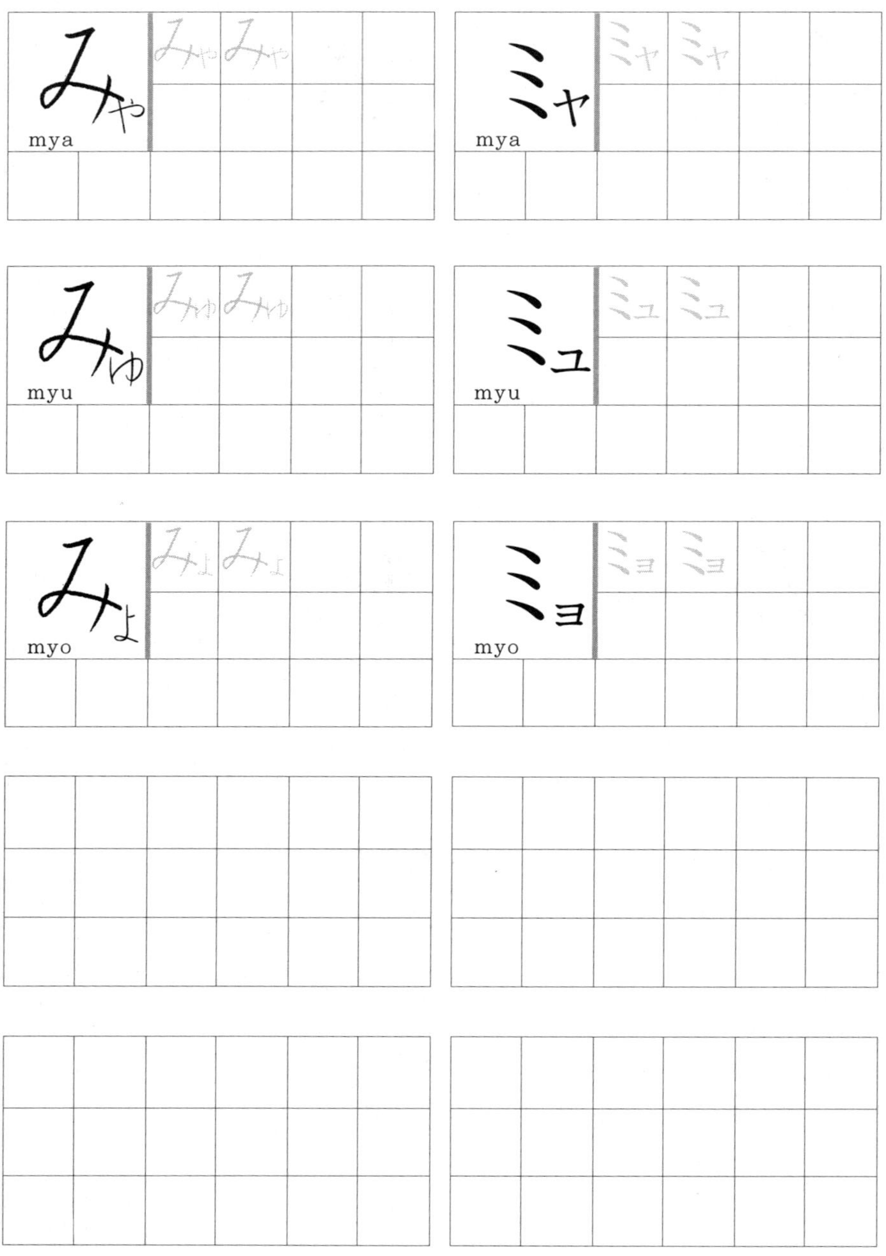

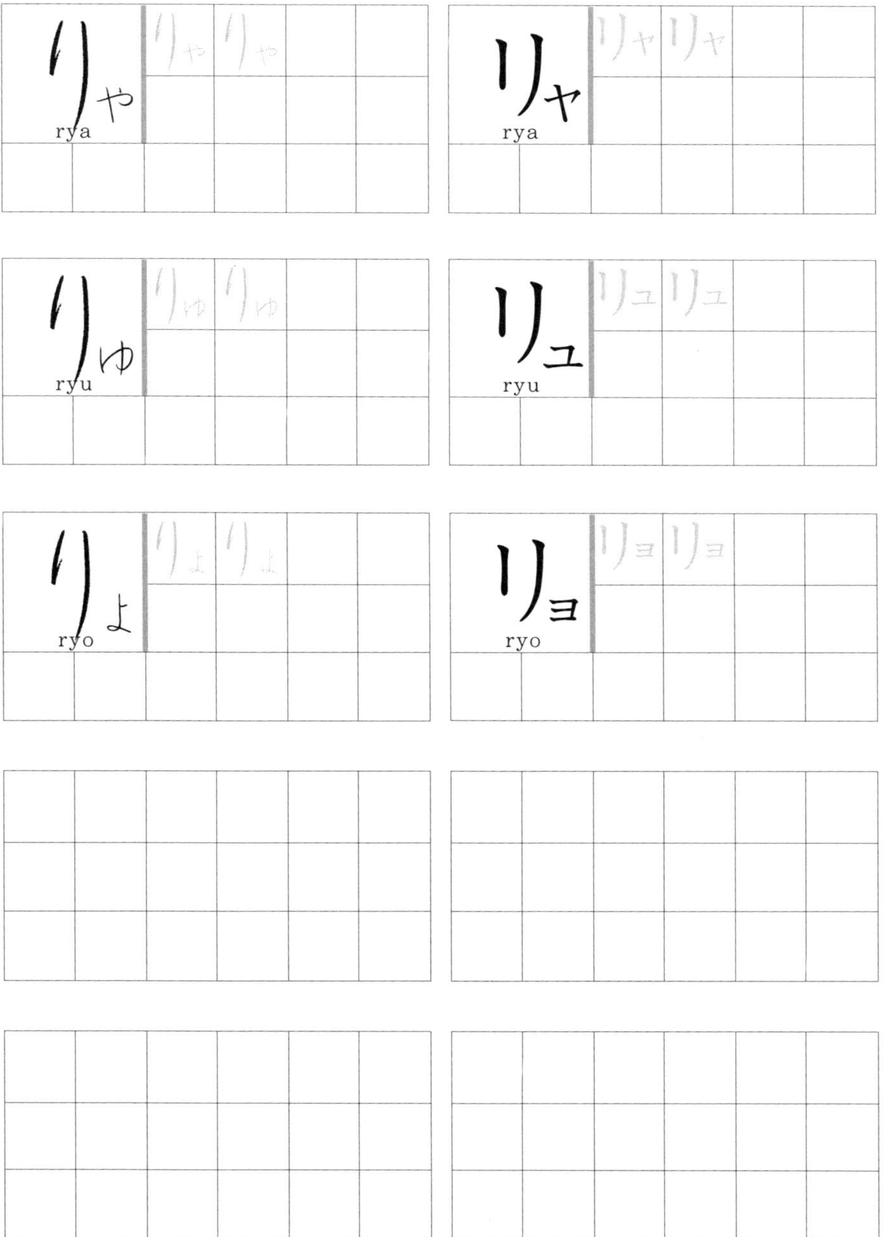
りゃ
rya
リャ
rya
りゅ
ryu
リュ
ryu
りょ
ryo
リョ
ryo

일본어
펜맨십

편저 | 편집부

발행인 | 박효상
본문디자인 | 디자인붐
출판등록 | 제10-1835호
펴낸곳 | 사람in
주소 | 121-839 서울시 마포구 서교동 379-10
전화 | (02)388-3555(代)
팩스 | (02)338-3545
e-mail | saramin@netsgo.com
비매품
©사람in

라이브인 일본어

입문 ①

| 머 | 리 | 말 |

일본어나 공부해볼까? 일본어는 너무 쉬워! 일본어 배워 뭐하니 영어나 배워라! 일본어는 한 달만 공부하면 돼. 등등 다양한 목소리를 자주 듣게 됩니다.

다 좋은 말이며 그럴 듯한 이야기들입니다. 누구나 다 노력만 하면 잘 할 수 있지요. 필자가 일본어를 처음 접할 당시에는 기독교인은 [성경], 불교인은 [불경], 영어는 [성문종합영어], 수학은 [정석수학] 하는 식으로 각 영역마다 바이블이 있었습니다. 지금도 그 명성은 계속 이어지고 있지요. 일본어를 가르치는 한 사람으로 일본어의 바이블이라 할 만한 책이 없다는 사실이 참 아쉽습니다. 언젠가는 일본어의 바이블이라 할 만한 책이 나와서 자리매김 할 것으로 기대해 봅니다.

일본어 공부를 시작한 사람은 많고 일본어를 잘 하는 사람도 많은 것 같은데 진짜로 잘 하는 사람은 많지 않은 것 같습니다. 또 기초 책이 시중에 너무 많고 표지, 디자인 모두 상당한 수준의 책이 많아 학습자에게는 혼란스러울 뿐입니다. 일본어를 어떻게 시작해야 할지, 무엇부터 시작해야 할지 많은 사람들이 망설일 것입니다.

다 그렇지는 않지만 명품이 다 좋은 것만은 아닙니다. 아무리 좋은 명품의 옷이라도 자기에게 맞지 않으면 입을 수 없듯이 일본어교재도 마찬가지입니다. 표지가 예쁘다고 가격이 비싸다고 다 좋은 책은 아닙니다. 진짜 명품은 품질(내용) 하나 하나 마다 연구하여 정성들여 만들어진 것입니다. 『라이브인일본어 입문1』을 처음부터 학습해 나가신 분이라면 『라이브인일본어 입문2』도 그다지 어렵지 않을 것입니다.

이 책은 일본어를 통하여 일본의 생활과 문화를 습득할 수 있도록 쉽고 재미있게 구성하도록 노력하였습니다. 누구나 외국어 공부를 시작하다보면 넘기 힘든 장애물에 부딪힐 경우가 있습니다. 항상 그 장애물에 걸려 중도에 포기하는 경우가 많습니다. 이번에 이 책으로 장애물을 극복하지 못하면 또 새로 일본어를 시작해야 합니다. 한국인에게 있어서 일본어학습이 결코 어려운 과정만은 아닙니다. 기존의 여러 일본어 교재를 가지고 공부해온 수많은 학습자들이 느꼈을 공통분모임에 틀림없을 것입니다. 그러나 이 책을 완전히 잘 소화해내었을 때 어느 정도의 레벨에 도달하여 느끼는 일본어는 쉬운 언어가 아니라는 사실을 알게 되었을 때 당신은 진정한 일본어 실력자인 것입니다.

학습자의 입장에서 일본어를 생각하는 순간 일본어대화문과 생활문화가 머릿속에 남게 될 것입니다. 클라크박사의 「少年よ大志をいだけ!」라는 문구가 생각이 납니다. 『라이브인일본어 입문1』이 책이 한국의 일본어 교육에 새로운 장이 될 것을 기대해 봅니다.

저자 씀

이 책의 구성과 이용법

■ 구성과 특징 ■

　　이 책은 일본어 학습을 보다 효과적인 방법과 충분한 연습을 통하여 실용적인 생활회화를 할 수 있도록 꾸몄으며, 아울러 일본어의 문법적인 면을 체계적으로 이해할 수 있도록 하는 데에 목적을 두었다.

　　日本語의 文字를 시작으로 약 1000개의 어휘를 익히게 꾸몄으며, 본문 다이얼로그의 내용은 일상생활에서 항상 접할 수 있는 장면으로 구성하였으며, 학습에 도움이 되는 커리큘럼(curriculum)에 맞추어 다양한 소재를 다루었다.

　　그리고, 18課로 꾸며져 있는 각과는「주요 포인트」,「본문 다이얼로그」,「응용회화」,「한자표기」,「본문해설」, 그리고,「연습문제」로 나누어져 있으며,「연습문제」는 다시「쓰기」,「말하기」,「듣기」의 연습으로 나누었다.「연습문제」중에서는 듣기에 중점을 두었다.

　　처음에는 文字와 發音을 익히기 위한 과정을 기본문형을 통하여 배우도록 하였고, 학습이 진행됨에 따라 い형용사와 な형용사의 활용응용에 중점을 두었다. 또한, 다양한 ます형 활용을 통하여 자연스러운 대화가 되도록 구성하였다. 또한,「보충하기」란을 두어서, 일본어 학습에 도움이 되는 보충 설명과 일본어 표현에 대한 이해를 돕기 위한 도움말을 두었다. 끝으로 일본문화 이해하기의 미니 칼럼과 일본문화 산책을 통혜 일본의 문화와 일본어에 대한 자신감을 가질 수 있도록 읽을 거리를 마련해 두었다.

■ 이용법 ■

1. 본문 다이얼로그

　　각 과의 本文은 日本語의 標準語를 사용하는 도쿄(東京)의 생활에서 사무실, 가정, 상점, 길거리 등에서 언제나 들을 수 있는 일반적인 내용을 근거로 하여 학습에 흥미가 붙도록 설정하였다.

　　따라서, 이 대화내용은 사회생활에서 실제로 활용할 수 있는 기회가 많도록 꾸몄으므로, 해설을 보며 내용을 알기 전에 몇 번이고 읽어보도록 하자.

좀 더 효과적인 학습을 위해서는 막연히 암기를 하기보다는 해설로 들어간 후, 전체의 뜻을 파악한 다음에 암기를 하면 보다 쉽게 내용이 머리에 남을 것이다.

본문 내용은 첫과부터 한자 표기의 단어가 있으므로 초급자에게는 다소 부담이 되겠지만, 여기서 다루는 단어의 한자표기는 日本人들이 일상생활에서 습관적으로 사용하는 것이므로 처음에는 참고사항 정도로 알아두는 편이 좋다.

우리나라는 한자를 접할 수 있는 기회가 전보다는 줄었다고는 하지만, 생소한 입장은 아니므로, 평소 日本語와 관계없는 상황이라도 漢字의 읽기, 쓰기를 연습해 두는 것이 좋을 것이다.

그리고, 일본어 단어를 익히는 과정에서 「ひらがな」의 표기를 확실히 할 수 있는 단어부터 漢字 表記를 익혀두는 것이 좋을 것이다. 즉, 우리말에서 「학교」라고 쓸 수 없는 사람이 「学校」라고 쓰는 것부터 배운다는 것은 무리가 따른다.

본문 대화에 나오는 漢字 표기는 본문 아래쪽에 읽기를 「ひらがな」로 표기해 두었으므로 참고로 하자.

2. 응용회화

[응용회화]는 하나의 과를 배운 주요 문형을 이용하여, 간단한 회화를 만들어 사용할 수 있도록 하기 위한 배려이다.

3. 해설

일반적인 어학교재는 본문, 어구, 해석, 문법에 관한 설명을 별도로 하고 있지만, 이 책은 각과 마다 어구, 해설 등을 예문과 함께 강의식으로 편집하였으므로 어느 정도 지도를 받으면 독학이 가능하도록 하였다.

우리가 학교, 학원 등에서 외국어를 배우는 경우, 교사가 원문을 읽고, 설명이 필요한 부분에 대한 해설을, 다른 예문과 함께 하면서 학습자에게 이해시키는 과정을 생각해 보면, 이 책은 일본어 선생님의 역할을 충분히 하고 있다고 생각한다.

해설은, 전반부에서는 다소 반복되는 부분이 있어도 복습하는 차원에서 본문 내용을 거의 설명하는 방향으로 배려를 하였다.

4. 연습문제

연습문제는 [쓰기]를 통하여, 본문에 나오는 주요문형을 중심으로 알아두어야 할 단어를 사용하면서 집중적으로 연습하도록 하였으며, [말하기]를 통하여 실제적인 회화를 연습하도록 하였고, [듣기] 연습은 일본인의 말이나 라디오, TV 등을 알아들을 수 있도록 하였다.

연습은 다양한 표현을 하기 위한 과정이므로, 본문에 나오지 않는 어휘가 상당수 나오지만, 나중에 알아두어야 할 단어들이므로 차근차근 익혀두기로 하자. 또, 연습과정상, 표현상에서 다소 어색한 표현이 나오는 경우가 있는데, 어디까지나 문형의 구조를 익히기 위한 과정이므로 크게 개의치 않아도 된다.

다만, 연습에서는 가급적이면 큰 소리로 읽으면서, 연극의 대본을 암기하려고 연습하는 배우처럼 자연스러운 대화가 되도록 하자.

5. 듣기연습

각 과의 본문 내용을 해설을 통하여 익힌 후, 쓰기와 말하기 연습을 통하여 충분히 연습을 한 후에 본문에서 배운 유사한 対話를 듣고, 청취력이 어느 정도인지를 스스로 체크해 보는 과정이다.

이 과정은 연습의 특성상, 녹음된 내용을 듣고 질문에 따른 답을 하게 되어 있기 때문에 내용은 활자화되어 있지 않다. 다만, 나중에 확인 과정에서 참고로 하기 위한 배려로 별도의 부록에 그 내용을 실었다.

5. 보충하기

[보충하기]는 각과의 본문에 나오는 주요 문형에 대한 설명을 보충하는 것이다. 즉, 日本語 학습에 필요한 보충 설명과 日本語의 표현에 대한 이해과정을 돕기 위한 도움말이다.

キム　ソラ（女）21 才

주인공. 한국인, 대학 3 학년.
일본 東京에 어학연수로 왔다.
장래는 일본대학원에서 디자인
에 대해 공부하려고 한다.

木村　由子（女）45 才
ゆうこ

初(はじめ)의 처. 일본인.
취미는 茶道와 과자 만들기,
여행.

山下　未知（女）40 才
やました　　みち

일본인, 일본어 교사. いろは
日本語学校에서 소라의 클래스
를 담당하고 있다.

ポール・スミス（男）20 才

미국인. いろは日本語学校에
다니는 소라의 클래스메이트

木村　初（男）50 才
きむら　　はじめ

木村家의 주인. 일본인, 東京
거주, 회사원. 딸 恵理는 한국
에 유학하고 있다. 딸 친구인
김소라를 딸이 없는 동안, 홈
스테이를 맞게 되었다.

木村　恵理（女）21 才
えり

주인공의 친구(初의 딸). 일본
인, 대학 3 학년. 현재 한국의
대학에 교환유학생으로 와있
다. 김소라와는 한국에서 알고
지내며, 의기투합하여 소라의
일본유학을 응원하고 있다.

劉　健（男）24 才
リュウ　　ケン

중국인. いろは日本語学校에
다니는 소라의 클래스메이트

カリーヌ・ディオール（女）26 才

프랑스인. いろは日本語学校에
다니는 소라의 클래스메이트

한국인 여성인 김소라는 일본에 유학하면서 어학연수를 하는 동안 일본인 木村(きむら)씨 집에 홈스테이
(home stay)를 한다. 木村(きむら)씨의 딸인 木村 恵理(きむら えり)는 교환학생으로 한국에서 유학하고
있다. 김소라와 木村 恵理(きむら えり)는 서로의 유학생활에 대한 조언을 주고받으며 응원하고 있다.
김소라는 일본어학교에서 어학연수를 하는 동안 일본인 및 중국, 미국, 프랑스 등에서 온 다른 나라의 학생
들과 사귀면서 일본생활에 대한 것을 직접 체험하며, 여러 에피소드를 통하여 일본을 알려고 노력한다.

01 일본어의 문자와 발음 Ⅰ

1. 오십음도 

	あ段	い段	う段	え段	お段
あ行	あ a ア あい 사랑	い i イ いえ 집	う u ウ うみ 바다	え e エ え 그림	お o オ おか 언덕
か行	か ka カ かき 감	き ki キ き 나무	く ku ク くし 빗	け ke ケ いけ 연못	こ ko コ こえ 목소리
さ行	さ sa サ さけ 술	し shi シ しか 사슴	す su ス すし 초밥	せ se セ せき 기침	そ so ソ そり 썰매
た行	た ta タ たこ 연	ち chi チ ちち 아버지	つ tsu ツ つき 달	て te テ て 손	と to ト と 문
な行	な na ナ なつ 여름	に ni ニ にし 서쪽	ぬ nu ヌ いぬ 개	ね ne ネ ねこ 고양이	の no ノ のう 뇌

일본어는 우리말의 어순과 동일해 배우기 쉬운 외국어이지만, 띄어쓰기가 없고 ひらがな와 カタカナ, 그리고 한자로 이루어져 처음엔 어려워 보인다. 일본어의 발음이 50개라는 의미에서 오십음도가 생겼다. 외래어표기는 「カタカナ」로 하나 의성어, 의태어, 전문용어, 강조하고 싶을 때 사용하기도 한다. 한자읽기를 표기한 것을 가리킬 때 「ふりがな、よみがな、よみかた、おくりがな、ルビ」 등의 용어를 사용하는데 모두 한자읽기를 「かな」로 표기하는 것을 말한다. 일본어에는 「?」, 「!」는 원칙적으로 없으나 최근에는 점점 사용되고 있다. [。]는 마침표이고, [々]는 앞의 漢字와 같다는 것을 나타내는 기호이다.

	あ段	い段	う段	え段	お段
は行	は ha ハ はと 비둘기	ひ hi ヒ ひと 사람	ふ fu フ ふね 배	へ he ヘ へそ 배꼽	ほ ho ホ ほし 별
ま行	ま ma マ まめ 콩	み mi ミ みみ 귀	む mu ム むし 벌레	め me メ め 눈	も mo モ もも 복숭아
や行	や ya ヤ やま 산		ゆ yu ユ ゆめ 꿈		よ yo ヨ よる 밤(夜)
ら行	ら ra ラ そら 하늘	り ri リ りす 다람쥐	る ru ル るす 부재	れ re レ れいぞうこ 냉장고	ろ ro ロ ろく 6
わ行	わ wa ワ わ 동그라미		を wo ヲ ねこを 고양이를		ん n ン ほん 책

2. 일본어의 자음과 모음

자음　일본어의 자음은 모음과 자음의 합성어로 청음과 탁음, 그리고 반탁음이 있다. 아래 소개하는 「あ行」을 제외한 나머지 음이 청음에 해당한다.

모음　일본어의 모음은 「あ、い、う、え、お」 다섯 가지로 「あ」행이다. 주의할 발음은 「う」로 우리말의 「우」와 「으」의 중간발음이다. 「으」보다는 입모양을 둥글게 발음한다.

① あ行

あ [a]	い [i]	う [u]	え [e]	お [o]
あい 사랑	いえ 집	うみ 바다	え 그림	おか 언덕

② か行

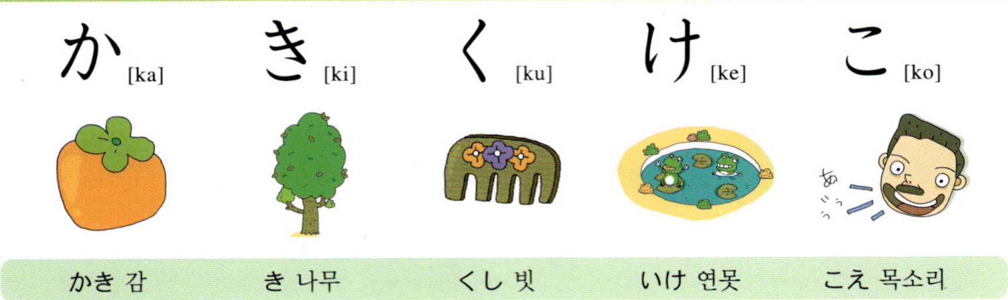

か [ka]	き [ki]	く [ku]	け [ke]	こ [ko]
かき 감	き 나무	くし 빗	いけ 연못	こえ 목소리

③ さ行

주의해야 할 발음, 「し」는 「si」보다도 「shi」에 가깝게 발음한다.

| さ [sa] | し [shi] | す [su] | せ [se] | そ [so] |

さけ 술　　しか 사슴　　すし 초밥　　せき 기침　　そり 썰매

④ た行

「た」「て」「と」의 「t」음은 우리말의 「ㅌ」소리와 유사하지만, 어두와 어중에서 탁음화되지 않도록 한다. 「つ」는 「쓰」와 「쯔」의 중간음으로 발음한다. 영어의 「its」를 읽을 때의 「…ts」와 유사하게 발음하면 된다.

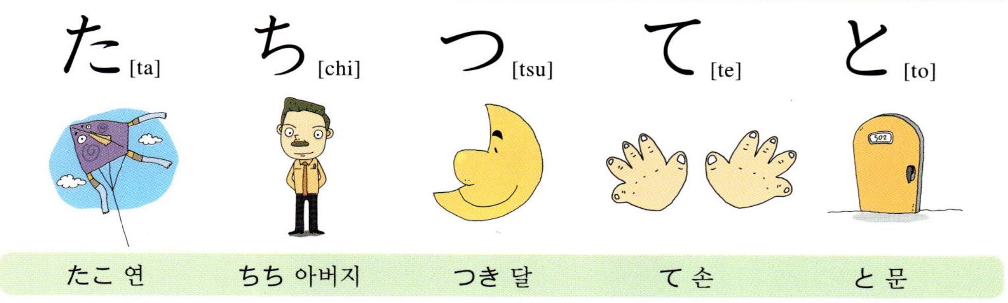

| た [ta] | ち [chi] | つ [tsu] | て [te] | と [to] |

たこ 연　　ちち 아버지　　つき 달　　て 손　　と 문

⑤ な行

| な [na] | に [ni] | ぬ [nu] | ね [ne] | の [no] |

なつ 여름　　にし 서쪽　　いぬ 개　　ねこ 고양이　　のう 뇌

⑥ は行

「ふ」의 발음은 위 아래의 입술사이로 빠져나가는 공기의 마찰음이기 때문에 「h」음보다는 「f」음에 더 가깝다.

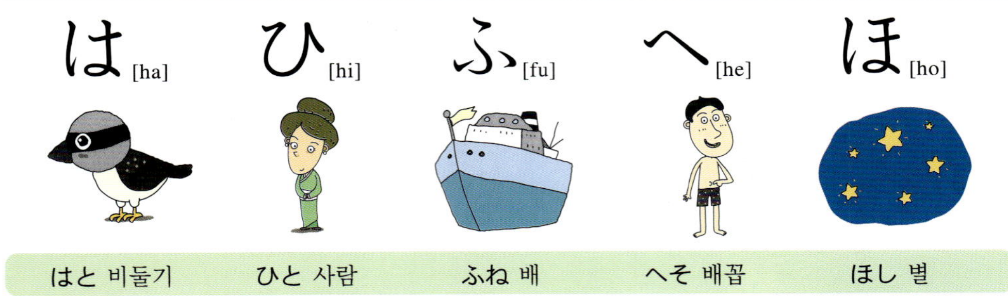

は [ha]	ひ [hi]	ふ [fu]	へ [he]	ほ [ho]
はと 비둘기	ひと 사람	ふね 배	へそ 배꼽	ほし 별

⑦ ま行

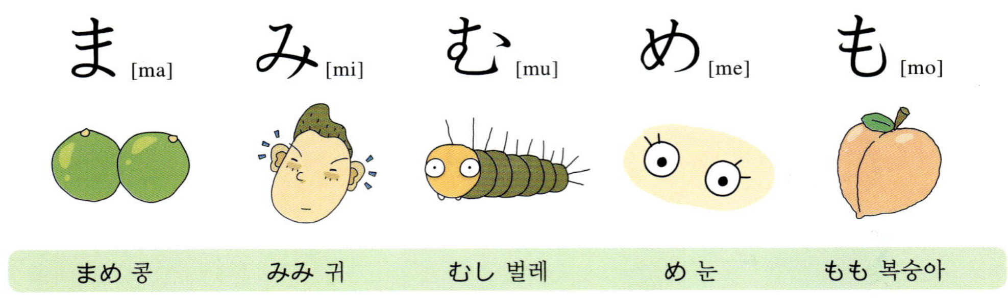

ま [ma]	み [mi]	む [mu]	め [me]	も [mo]
まめ 콩	みみ 귀	むし 벌레	め 눈	もも 복숭아

⑧ や行

や [ya]	ゆ [yu]	よ [yo]
やま 산	ゆめ 꿈	よる 밤(夜)

⑨ ら行

そら 하늘	りす 다람쥐	るす 부재	れいぞうこ 냉장고	ろく 6

⑩ わ行

を의 발음은 お와 같고, 조사(을 / 를)로만 쓰인다.

わ 동그라미	ねこを 고양이를

⑪ ん

ほん 책

3. 탁음(濁音)

탁음표시는 오른쪽 위에 탁음 부호 「゛」를 붙여서 표시하고, 「か、さ、た、は」행에만 나타난다. 「か」
는 성대를 울리지 않는 청음이나, 「が」는 성대를 울린다.

が [ga]	ぎ [gi]	ぐ [gu]	げ [ge]	ご [go]
がく 액자	かぎ 열쇠	かぐ 가구	ひげ 수염	ごご 오후

ざ [za]	じ [ji]	ず [zu]	ぜ [ze]	ぞ [zo]
ざる 소쿠리	にじ 무지개	すずめ 참새	かぜ 바람	ぞう 코끼리

だ [da]	ぢ [ji]	づ [zu]	で [de]	ど [do]
えだ 가지(枝)	はなぢ 코피	つづり 철자	そで 소매	まど 창문

かば 하마	かび 곰팡이	ぶた 돼지	なべ 냄비	つぼ 단지

4. 반탁음(半濁音)

반탁음은 「は行」의 오른 편에 半濁音 부호「ﾟ」를 붙여서 표시한다. 「ㅃ」과 「ㅍ」의 중간발음이다.

ぱちんこ	ぴかぴか	てんぷら	ぺこぺこ	たんぽぽ
파친코	반짝반짝	튀김	배고픈 모양	민들레

※ パス (패스)　　ピザ (피자)　　コップ (컵)　　ボールペン (볼펜)

일본어의 문자와 발음 Ⅱ

1. 요음(拗音)

「ゃ、ゅ、ょ」는 우리말의 「야, 유, 요」와 유사하다. 「きゃ、きゅ、きょ」처럼 앞 문자의 오른쪽 옆에 작게 표기하며 두 개의 글자를 합쳐서 한 박으로 읽는다. 두 개의 글자가 합쳐서 한 음절을 이룬다. 즉 きやく는 3박이지만 きゃく는 두 박이 되는 것이다. 요음(拗音)은 「い段」인 「き、し、ち、に、ひ、み、り」의 오른쪽 옆에 작게 붙여 쓴다.

きゃ [kya] キャ　　きゅ [kyu] キュ　　きょ [kyo] キョ

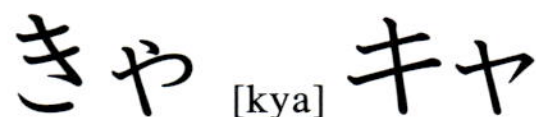 きゃく 손님　　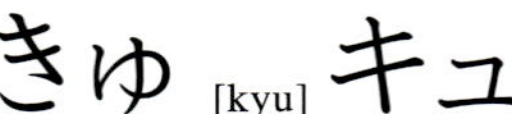 きゅうり 오이　　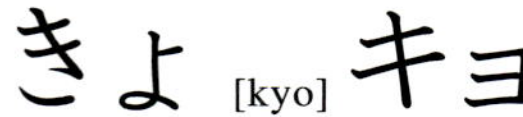 きょうしつ 교실

ぎゃ [gya] ギャ　　ぎゅ [gyu] ギュ　　ぎょ [gyo] ギョ

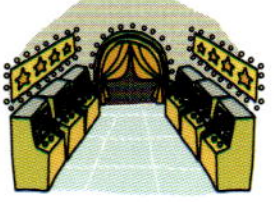

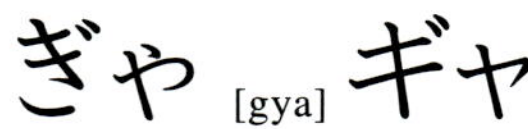 ギャンブル 도박　　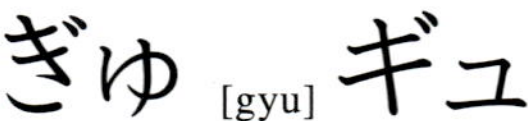 ぎゅうにく 소고기　　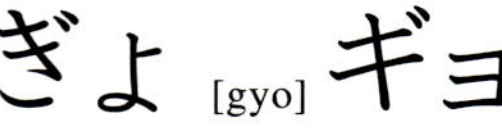 ぎょうざ 만두

しゃ [sya] シャ　　しゅ [syu] シュ　　しょ [syo] ショ

しゃみせん 샤미센　　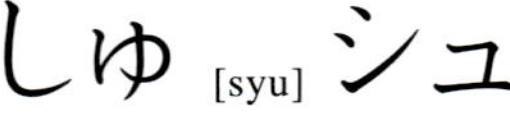 しゅみ 취미　　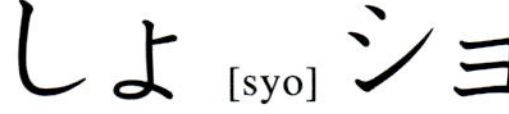 しょくじ 식사

「や、ゆ、よ」를 작은 글씨로 표기하는 요음을 익힙시다. 아울러 장음 · 단음의 구별을 확실히 해둡시다.

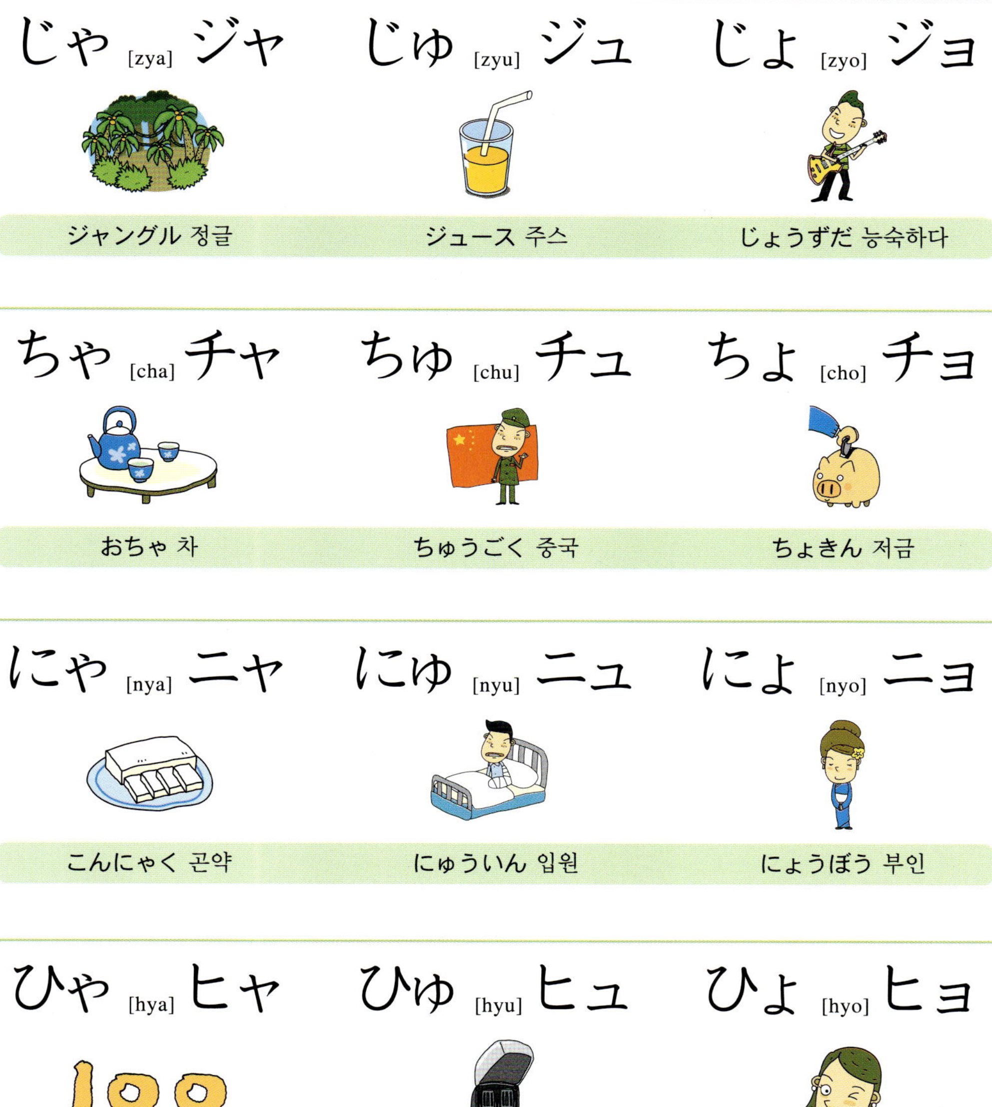

じゃ [zya] ジャ　　じゅ [zyu] ジュ　　じょ [zyo] ジョ

ジャングル 정글　　ジュース 주스　　じょうずだ 능숙하다

ちゃ [cha] チャ　　ちゅ [chu] チュ　　ちょ [cho] チョ

おちゃ 차　　ちゅうごく 중국　　ちょきん 저금

にゃ [nya] ニャ　　にゅ [nyu] ニュ　　にょ [nyo] ニョ

こんにゃく 곤약　　にゅういん 입원　　にょうぼう 부인

ひゃ [hya] ヒャ　　ひゅ [hyu] ヒュ　　ひょ [hyo] ヒョ

ひゃく 100　　ヒューズ 휴즈　　ひょうじょう 표정

びゃ [bya] ビャ	びゅ [byu] ビュ	びょ [byo] ビョ
さんびゃく 300	デビュー 데뷔	びょういん 병원
ぴゃ [pya] ピャ	ぴゅ [pyu] ピュ	ぴょ [pyo] ピョ
ろっぴゃく 600	コンピューター 컴퓨터	はっぴょう 발표
みゃ [mya] ミャ	みゅ [myu] ミュ	みょ [myo] ミョ
さんみゃく 산맥	ミュージック 뮤직, 음악	みょうじ 성
りゃ [rya] リャ	りゅ [ryu] リュ	りょ [ryo] リョ
りゃくず 약도	りゅう 용	りょこう 여행

2. 장음(長音)

장음이란 말 그대로 발음이 길다는 의미이다. 우리말의 눈(雪)과 눈(目)의 구별과 마찬가지로 장음이 있다. 한국어의 장음보다, 일본어가 좀 길게 발음된다.

ひらがなの 경우

- あ段 : [-a] + あ → [a:]

  おばあさん(할머니)

- い段 : [-i] + い → [i:]

  おじいさん(할아버지)

- う段 : [-u] + う → [u:]

  くうこう(공항)　　すうがく(수학)

- え段 : 固有語[-e] + え → [e:]

  え(그림)　　ええ(네)

  漢字語[-e] + い → [e:]

  せんせい(선생님)　えいご(영어)

  とけい(시계)　　ゆうめい(유명)

- お段 : 大部分 [-o] + う → [o:]

  こうこう(고등학교)　そうとう(상당)　　ろうにん(재수생)　　おうさま(임금님)

  しょうかい(소개)　　のうりょく(능력)　　ぼうし(모자)　　　もう(이미/벌써)

  一部 [-o] + お → [o:]

  おおさか(오사카)　　　　とおり(거리)　　　　おおどおり(큰길)

「カタカナ」표기는 「ー」으로 장음을 나타낸다.

ボール(공)　　コーヒー(커피)　　ノート(노트)　　スーパー(슈퍼마켓)　　ボールペン(볼펜)

3. 촉음(促音)

촉음은 다음에 이어지는 발음과의 연결이 편하도록 발음한다. 발음의 시간적 길이는 다음 발음과 같이 한 박으로 발음된다.

- か行 앞에서 → [k]로 발음한다.

　しっけ(습기)　　　　がっこう(학교)　　　　がっき(악기)

- さ行 앞 → [s]

　きっさてん(다방)　　はっせい(발생)　　　　ざっし(잡지)

- た行 앞 → [t]

　こっち(이쪽)　　　　きって(우표)　　　　しっと(질투)

- ぱ行 앞 → [p]

　いっぱい(한 잔)　　はっぴき(여덟 마리)　　きっぷ(표)

4. 발음(撥音)

「ん」발음은 독립되어 나타나지 않으나, 뒤에 오는 발음의 영향으로 「m」「n」「ŋ」으로 구별된다. 우리말의 「ㅁ」「ㄴ」「ㅇ」에 해당한다.

(1) ば, ぱ, ま행 [b], [p], [m] 앞에서 → [m]으로 발음

    じん**ぶ**つ(인물)   さ**ん**ぽ(산책)   ほ**ん**もの(진짜)

(2) さ, ざ, た, だ, な, ら행 [s], [z], [n], [t], [d], [r] 앞에서 → [n]으로 발음

    せ**ん**せい(선생님)   ぜ**ん**ぜん(전혀)   テント(텐트)

    ね**ん**ど(연도)   あ**ん**ない(안내)   し**ん**らい(신뢰)

(3) か, が행 [k], [g] 앞에서, 「ん」이 어말에서, 母音(あ、い、う、え、お), 半母音(や、ゆ、よ、わ)

    앞에서 → [ŋ] 보다 조금 뒤에서 발음(또는 [ŋ]으로 발음)

    げ**ん**き(건강)   り**ん**ご(사과)   ごは**ん**(밥)

    ほ**ん**(책)   た**ん**い(학점)   ほ**ん**や(책방)

03 인사표현

▶ 아침에 만났을 때

おはようございます。

おはよう。

▶ 점심에 만났을 때

こんにちは。

こんにちは。

▶ 저녁에 만났을 때

こんばんは。

こんばんは。

만남과 헤어짐, 그리고 감사표현 등에 관한 일상회화를 학습합니다.

▶ 헤어질 때

さようなら。
さようなら。

▶ 권할 때

どうぞ。
どうも。

▶ 감사할 때

どうもありがとうございます。
いいえ、どういたしまして。

▶ 사과할 때

どうもすみません。

いいえ、かまいません。

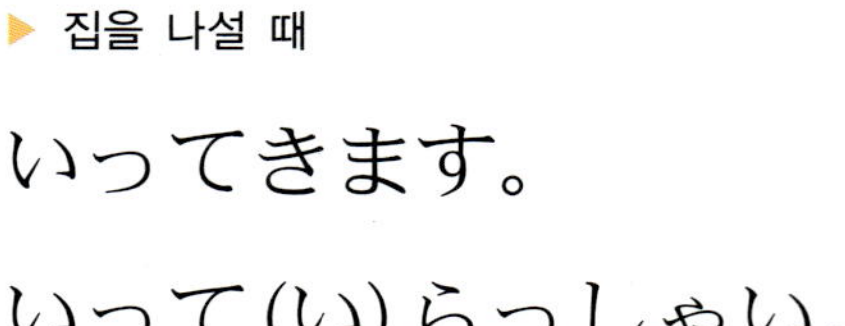

▶ 축하할 때

おめでとう(ございます)。

ありがとう(ございます)。

▶ 집을 나설 때

いってきます。

いって(い)らっしゃい。

▶ 남의 집을 방문할 때

ごめんください。

はい。

▶ 처음 만나서 반가울 때

お会いできてうれしいです。よろしくお願いします。

こちらこそ、よろしくお願いします。

04 はじめまして。

ソラ　　はじめまして。キムソラです。

はじめ　はじめまして。わたしは、きむらはじめです。

ゆうこ　ソラさん、よくいらっしゃいました。

　　　　わたしは、きむらゆうこです。

ソラ　　これから、どうぞよろしくおねがいします。

はじめ　こちらこそ、よろしくおねがいします。

여기서는 초면에 사용하는 인사말과 입문과정에서 다루는 「명사+です」의 문형과
조사 「は」의 사용을 배웁니다.

[〜は 〜です] → [〜는/은 〜입니다]
わたしは木村です。저는 키무라입니다.

(1) A : はじめまして。きむらはじめです。どうぞよろしく。

　　B : イジンウです。こちらこそ、よろしく。

(2) A : わたしは、きむらゆうこです。

　　B : わたしは、ジョンヘギョンです。

わたし(私)　　　きむら(木村)　　　はじめ(初)
ゆうこ(由子)　　　おねがいします(お願いします)

① はじめまして。キムソラです。

- はじめまして : 처음 뵙겠습니다.
- 〜です : 〜입니다

はじめまして。たなか(田中)です。

はじめまして。キムエリです。

② わたしは、きむらゆうこです。

- わたし : 私. 나/저
- 〜は : 〜는/은

わたしはイジンウです。

わたしはキムヘミです。

③ ソラさん、よくいらっしゃいました。わたしは、きむらゆうこです。

- 〜さん : 〜씨
- よくいらっしゃいました : 잘 오셨습니다. (대신에 ようこそ(환영합니다)라고도 쓴다.)

キム(金)さん、ようこそ。わたしは、すずきよしお(鈴木良夫)です。

ようこそ、かんこくへ。

4 これから、どうぞ よろしく おねがいします。

- これから : 이제부터, 지금부터, 앞으로
- どうぞ : 부디, 모쪼록
- よろしく : 잘
- おねがいします : 부탁합니다

5 こちらこそ、よろしく おねがいします。

- こちらこそ : 저야말로

▶ 「잘 부탁합니다」를 나타내는 말로 간단히 「よろしく。」라고만 할 수도 있다.

일본문화 이해하기

일본인은 인사할 때 악수는 하지 않으나 우리나라 사람보다 고개를 더 많이 숙인다. 비즈니스맨의 경우 우리와 같이 처음 만나는 사람과는 명함을 교환하는 습관이 있는데, 명함을 받으면 바로 넣지 않고 주의 깊게 확인한다. 같은 한자라도 달리 읽는 경우가 있으니 모르면 물어봐도 실례가 되지 않는다.

1. 다음 보기와 같이 ひらがな를 カタカナ로 바꾸어 써보세요.

> 보기 ▶ わたし → ワタシ

① はじめまして　　　　→ ___________________________

② どうぞよろしく　　　→ ___________________________

③ いらっしゃいました　→ ___________________________

④ こちらこそ　　　　　→ ___________________________

⑤ おねがいします　　　→ ___________________________

2. 다음 글을 써보면서 한자표기 단어는 ひらがな로 바꾸어 써보세요.

① どうぞよろしくお ☐☐ (願)いします。

② はじめまして。わたしは ☐☐☐☐☐☐ (木村初)です。

③ ☐☐☐☐☐☐ (木村由子)です。

1. 다음 보기 예문의 (   ) 안에 이름을 바꾸어 가면서 첫 대면 인사를 해 봅시다.

> 보기▶ A : はじめまして。
> 　　　 B : わたしは(きむらはじめ)です。
> 　　　 A : よろしくおねがいします。

① やましたひろし　　　　② たなかえり
③ イキョンミ　　　　　　④ キムミンス

2. 다음 (   ) 안의 말을 바꾸어서 환영인사를 해보세요.

> 보기▶ ソラ → (ソラ)さん、よくいらっしゃいました。

① やました　　→ ________________________________
② たなか　　　→ ________________________________
③ イ　　　　　→ ________________________________
④ キム　　　　→ ________________________________

3. 다음 보기의 대화에서 밑줄 친 곳을 바꾸어 말해보세요.

> 보기▶ A : はじめまして。<u>キムソラ</u>です。よろしくおねがいします。
> 　　　 B : はじめまして。わたしは<u>きむらはじめ</u>です。よろしく。

① イヨンス、すずきよしお(鈴木良夫)
② パクミンホ、なかいたろう(中井太郎)
③ アンヨンミ、よしださちこ(吉田幸子)
④ キム、おがわ(小川)

1. 녹음된 내용을 듣고 (　　) 안의 말을 받아쓰세요.

① ソラさん、よく（　　　　　　　　）。

②（　　　　　　　　）。キムソラです。

③ これから（　　　　　　　）おねがいします。

④（　　　　　　　）、よろしくおねがいします。

2. 녹음된 내용을 듣고 질문에 일본어로 답하시오.

① 두 사람은 처음 만났습니까?

　→ ____

②「잘 부탁 합니다」는 일본어로 뭐라고 합니까?

　→ ____

일본어에서 가장 널리 이용되는 기본적인 관용어를 몇 개 알아두자.

すみません。

「すみません」은 본래 사과하는 뜻으로 사용하는 「미안합니다」정도의 뜻을 나타내는 말인데, 누군가를 부르는 소리로 「여보세요」라는 기분으로도 사용한다. 또한 감사의 뜻으로 「고맙습니다」라는 의미로 쓰기도 한다. 발음하기 편하게 「すいません」이라고도 한다.

일반적인 대중식당, 커피숍 등에서 종업원을 부르는 소리로 사용하면 적절할 것이다. 주의할 점은 전화 등에서 사용하는 「여보세요」는 일본어에서 「もしもし」라는 표현을 사용한다.

どうぞ。

「どうぞ」는 일본어의 독특한 표현으로 영어의 please, anyhow 등의 뜻이 어우러진 말로서, 상대에게 뭔가 부탁이나 권유를 하거나, 어떤 부탁을 받았을 때에 쾌히 승낙하는 경우에 사용하는 말이다.

どうも。

「どうも」는 「정말로 / 아무래도」의 뜻을 나타내는 말인데, 문맥에 따라 「すみません」 또는 「ありがとう」의 뜻을 나타낸다.

즉, 「미안합니다」와 「고맙습니다」의 뜻을 모두 나타내고 있지만, 약간 사무적이고 형식적인 느낌이 들 수 있다.

どういたしまして。

「ありがとうございます」라고 하는 말에 대한 대응표현으로 「천만에요」라는 뜻을 나타내는 말이다. 이 경우, 그냥 「いいえ」라고 하기만 해도 된다.

いいです。

「いいです」는 「좋습니다」의 뜻을 나타내는 말이지만, 잘 사용하지 않으면 오해가 생길 수 있다. 예를 들면, 상대가 뭔가를 권유했을 때, 「いいです」라고 하면, 사양하는 것으로 생각할 수 있다. 이때, 상대의 권유를 승낙하는 기분을 나타낼 때에는 「いいですね」라고 한다.

일본은 어떤 나라일까?

▲ 横浜(よこはま)

日本은 유라시아대륙의 동북 끝에서 남서방향으로 뻗은 활 모양의 섬나라로 네 개의 큰 섬 (홋카이도:北海道, 혼슈:本州, 시코쿠:四国, 큐슈:九州)과 6천여 개의 작은 섬으로 이루어져 있습니다.

홋카이도와 혼슈 사이에는 세계에서 가장 긴 해저터널인 세칸(青函)터널이 있고, 혼슈와 시코쿠 사이에는 세토오하시(瀬戸大橋), 혼슈와 큐슈와는 칸몬오하시(関門大橋)로 이어져

▲ 東京(とうきょう)

있지요. 그래서 일본은 커다란 섬 4개가 모두 하나로 이어진 나라라고 말할 수 있습니다.

국호는 「日本(にっぽん)」이라 말하고, 영문표기로는 「JAPAN」, 수도는 도쿄(東京)입니다. 일본정부가 정한 표기법은 닛폰(にっぽん)이지만, 보통은 니혼(にほん)이라고 합니다.

일본의 국기는 히노마루(日の丸)라고 하는데, 흰 바탕에 태양을 본뜬 붉은 동그라미 하나가 있는 간단한 디자인으로 되어있지요. 국기는 '태양(日)이 뜨는 곳(本)'이라는 의미를 가지고 있어요. 최근에 「日の丸」가 정식으로 국기로서 법으로 정해졌습니다.

▲ 長崎(ながさき)

일본의 정치체제는 상징적인 천황이 있는 입헌군주제이며, 125대 천황인 아키히토(明仁) 현천황은 간혹 뉴스에 나오는 것처럼 일가와 함께 새해가 되면 천황일가의 손을 흔드는 모습을 보기위해서 많은 사람들이 몰려드는 곳, 코쿄(皇居)에 거주하고 있습니다.

그 외에도 일본에는 수려한 자연환경과 유구한 역사를 가진 만큼 유명한 명승지가 많이 있는데 그중에서도 추천하고 싶은 곳이 몇 곳이 있어요. 그러면 간단히 알아보도록 할까요?

큐슈(九州) 다자이후(太宰府)의 텐만구(天満宮), 쿠마모토(熊本)의 쿠마모토성(熊本城), 아소(阿蘇)의 아소산(阿蘇山), 벳푸(別府)의 온천(温泉), 나가사키(長崎)의 원폭 돔(原爆ドム), 혼슈(本州) 히로시마(広島)의 미야지마(宮島), 히메지(姫路)의 히메지성(姫路城), 시코쿠(四国) 에히메(愛媛)의 봇짱 도리(坊ちゃん通り), 코치(高知)의 도사(土佐), 도쿄(東京)의 아사쿠사(浅草),

▲ 熊本(くまもと)

우에노(上野), 아키하바라(秋葉原), 신주쿠(新宿), 시부야(渋谷), 요코하마(横浜)에 있는 中華街와 라면 박물관은 일본을 찾는 사람이라면 꼭 가봐야 할 곳들이에요.

古都였던 쿄토(京都)의 킨카쿠지(金閣寺)와 긴카쿠지(銀閣寺), 키요미즈테라(清水寺)와 아마노하시다테(天橋立)는 일본을 대표하는 유적지라고 할 수 있지요.

역시 古都였던 나라(奈良)에서는 도다이지(東大寺)와 사슴공원

▲ 奈良(なら)

을 관람하면 좋답니다.

또한 동북지방에서는 절경 중의 하나이며 무려 260여개의 섬으로 이루어진 마쓰시마(松島)와 아오모리(青森)의 싱싱한 해산물 시장도 그곳까지 가서도 못보고 지나친다면 한참을 후회할 곳들이지요. 이곳에서 세계에서 가장 긴 해저터널인 세칸 터널(青函トンネル)을 쭉 타고 홋카이도(北海道)로 가서 하코다테(函館)의 아름답게 수놓아진 야경과 시원한 삿포로(札幌) 맥주를 맛 본 후에 오도리(大通り) 공원을 지나서 아직도 숨 쉬고 있는 활화산 쇼와신잔(昭和新山)을 본 다음 싱싱하고 담백한 게 요리를 먹으면 그야말로 환상적이랍니다.

▲ 富士山(ふじさん)

▲ 広島(ひろしま)

韓国のりです。
かん　こく

▶ 키무라 씨 집에 도착해서

ゆうこ　　(녹차와 과자를 가지고 와서) どうぞ。

ソラ　　　ありがとうございます。いただきます。

　　　　　あのう、これ、つまらないものですが、どうぞ。

はじめ　　ああ、すみません。これはなんですか。

ソラ　　　それは、かんこくのりです。

はじめ　　そうですか。わたしは、かんこくのりがだいすきです。

　　　　　ありがとう。

우리말의 「이것」·「그것」·「저것」에 해당하는 「これ」·「それ」·「あれ」 등,
지시어의 사용을 익힙니다.

これはなんですか。 이것은 뭐죠?
それはデジカメです。 그것은 디지털카메라입니다.

(1) A : どうぞ。

    B : どうも。

(2) A : つまらないものですが。

    B : すみません。 いただきます。

かんこく（韓国）　　　だいすき（大好き）

①　ありがとうございます。いただきます。

- ありがとうございます : 감사합니다, 고맙습니다
- いただきます : 잘 먹겠습니다

A : どうぞ。

B : いただきます。

②　あのう、これ、つまらないものですが、どうぞ。

- あのう : 저
- つまらないものですが : 약소한 것입니다만… (주로 가벼운 선물을 하는 경우에 사용)
- ～が : ～지만

A : これ、つまらないものですが。

B : あ、すみません。

これ	それ	あれ	どれ
이것	그것	저것	어느 것

③　ああ、すみません。これは なんですか。

- 「ああ」는 감탄사로 우리말의 「아 !」와 같다.
- 「すみません」은 「미안합니다」의 뜻이지만, 고마움의 표현으로 사용하기도 한다.

A : これはなんですか。

B : それはケータイです。

④ それは、かんこくのりです。

- かんこく：韓国. 한국
- のり：김　ex) 돌김(いわのり)

それはにんじんちゃ(人参茶)です。

それはかんこくのにんぎょう(韓国の人形)です。

⑤ そうですか。わたしは、かんこくのりがだいすきです。ありがとう。

- そうですか：그렇습니까?
- だいすきです：아주 좋아합니다. (「すき」의 강조 표현) → 大好き

1. 다음을 보기와 같이 바르게 연결해 보세요.

> 보기▶ これ / つまらない / です / が / あのう / もの / どうぞ
> → あのう、これつまらないものですが、どうぞ。

① ああ、/ は / なん / です / か。/ すみません。/ これ

→ ____________________________

② が / だいすき / わたし / は / かんこくのり / です。/ ありがとうございます。

→ ____________________________

③ は / かんこく / それ / の / しんぶん / です。

→ ____________________________

2. 다음 한자표기 단어를 ひらがな로 바꾸어 써보세요.

① 私→ ☐☐☐

② 韓国 → ☐☐☐☐

② 大好きです。→ ☐☐☐きです。

1. 다음 보기와 같이 답변하는 연습을 해 보세요.

> 보기▶ これはほんですか。→ はい、それはほんです。

① これはいすですか。　　　② これはつくえですか。

③ これはボールペンですか。　　④ これはえんぴつですか。

2. 다음 대화에서 밑줄 친 단어를 바꾸어 가며 대화를 해 보세요.

> A : あのう、ⓐこれはなんですか。
> B : ⓑそれは、ⓒかんこくのりです。

①　　ⓐ それ　　　ⓑ これ　　　ⓒ キムチ

②　　ⓐ これ　　　ⓑ それ　　　ⓒ にほんのおかし

③　　ⓐ あれ　　　ⓑ あれ　　　ⓒ かんこくのにんぎょう

④　　ⓐ これ　　　ⓑ それ　　　ⓒ にほんのマンガ

3. 다음 대화에서 밑줄 친 단어를 바꾸어 가며 대화를 해 보세요.

> A : それはなんですか。
> B : これですか。
> A : はい。
> B : これはじしょです。

① ボールペン　　　② にんぎょう

③ シャーペン　　　④ けしゴム

1. 녹음된 내용을 듣고 (　　) 안의 말을 받아쓰세요.

① (　　　　　　　) 。

② (　　　　　) ものですが、どうぞ。

③ (　　　　　　　) 。

④ わたしは (　　　　　) がだいすきです。

2. 녹음된 내용을 듣고 다음 질문에 일본어로 답하시오.

① 소라 씨의 선물은 무엇입니까?

→ ________________________________

② 하지메 씨는 한국 김을 좋아합니까?

→ ________________________________

| 일본문화 이해하기 |

일본인은 선물을 좋아한다. 선물은 주는 사람과 받는 사람이 모두 부담없는 것을 원한다. 그래서 지역 특산물인 과자나 차 종류가 많은 것 같다. 선물은 「お土産(みやげ)」, 「プレゼント」, 「おくりもの」라 한다.

「お土産」는 여행지에서 가족, 친지를 위해 선물로 사가는 토산품, 또는 특산품을 말한다. 「プレゼント」는 보통 주고받는 선물을 말한다. 특히 생일선물이나 졸업선물 등, 기념으로 주는 선물을 말한다.

「おくりもの」는 주로 お中元(ちゅうげん)이나 お歳暮(せいぼ) 등에 주고받는 선물을 말한다.

일본어의 「こ−・そ−・あ−・ど−」에서 「こ−」는 말하는 사람이 자신에게 가까이 있는 것을 가리키며, 「そ−」는 대화 상대로부터 가까이 있는 것, 「あ−」는 말하는 사람과 상대로부터 멀리 떨어져 있는 것을 나타내고 「ど−」는 지시하는 것을 모를 때 묻는 말이다.

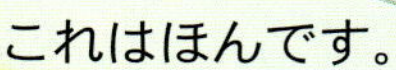

	こ(이)	そ(그)	あ(저)	ど(어느)
사물	これ	それ	あれ	どれ
장소	ここ	そこ	あそこ	どこ
방향	こちら	そちら	あちら	どちら
명사수식	この	その	あの	どの

일본의 공휴일

　일본인들의 법정 근무시간은 주 40시간이여서 주5일 근무지가 상당히 많아요. 그런데, 법정공휴일이 우리의 상식으로 보면 그 기준이 좀 묘하다는 생각이 드네요. 「설날」(1/1), 「성인의 날」(1월 2번째 월요일), 「건국기념일」(2/11), 「헌법기념일」(5/3), 「국민의 휴일」(5/4), 「어린이날」(5/5), 「경로의 날」(9월 3번째 월요일), 「문화의 날」(11/3), 「노동 감사의 날」(11/23), 그리고 「바다의 날」(7월 3번째 월요일), 도쿄올림픽을 기념하는 「체육의 날」(10월 둘째 월요일), 전天皇의 생일 「綠(みどり)の日」(4/29), 현재 「天皇의 생일」(12/23)이 공휴일이지요. 또, 「春分의 날」(3/20), 「秋分의 날」(9/23)도 공휴일이라고 합니다. 게다가 공휴일이 일요일과 겹치면 그 다음날도 공휴일(振り替え休日)이 되어서 너무 좋아요, 휴일이 많으면 경제가 활성화된다는 개념에서 휴일이 많은 것 같아요. 또한, 「ハッピーマンデー法」가 2000년부터 시행되어 토, 일, 월로 3일 연속으로 쉴 수 있는 날이 1년에 몇 회 생겼지요.

▲ 門松(かどまつ)

　정월을 오쇼가쓰(お正月)라 하며 우리나라의 설에 해당하는 날로 양력 1월 1일부터 3일까지는 일본 최대의 명절입니다. 이때는 연초에 집집마다 조상신을 모시고 신년의 풍요를 기원하는 풍습으로 집 문 앞에 소나무로 장식한 카도마쓰(門松)를 세워 두지요.

▲ 初詣(はつもうで)

　이 기간 동안에 하쓰모데(初詣)라고 하여 신사나 절에 소원을 빌러 가기도 하고요, 이 날은 일본도 아이들에게 오토시다마(お年玉)라고 하는 세뱃돈을 특별한 봉투에 넣어주기도 한다니 우리 풍습과 아주 비슷한 점이 많지요?

　그리고 만 20세가 되는 젊은이들이 성인으로 인정받는 날이기도 하지요. 당연한 일이지만, 성인이 되면 참정권이 주어지는 등, 본격적인 성인 대접을 받게 됩니다. 일본은 이 날을 국경일로 정해 성대하게 치루고 있어요.

봄이 시작되는 2월 3일, 4일쯤을 세쓰분(節分)이라고 하고, 이 날은 전통적인 행사로 악귀를 쫓아내는 콩 던지기가 행해지고 있습니다. 콩을 뿌리면서 「鬼(おに)は外(そと), 福(ふく)は内(うち)!」라고 하는데, 귀신은 밖으로 물러가고 복은 안으로 들어오라는 뜻이에요.

그 외 히나 마쓰리(ひな祭り)는 3월 3일에 행해지는 여자 아이들만을 위한 명절이고, 오봉(お盆)은 8월 13일부터 15일 사이의 명절로 일본의 추석이라고 할 수 있어요.

11월 15일에 시치고산(七五三)이라는 행사를 하는데, 이날이 되면 3세와 5세가 되는 남자아이와 3세와 7세가 되는 여자아이들은 예쁜 옷을 입고 부모님과 함께 신사에 참배하러 간답니다.

▲ 七夕(たなばた)

▲ 節分(せつぶん)

専攻はなんですか。
せんこう

ソラ　　はじめまして。私は、キムソラです。韓国人です。
わたし　　　　　　　　　　　　　かんこくじん

リュウ　はじめまして。私は、劉健です。中国人です。
わたし　　リュウケン　ちゅうごくじん

ソラ　　リュウさんは大学生ですか。
だいがくせい

リュウ　はい、私は大学生です。キムさんは?
わたし　だいがくせい

ソラ　　私も大学生です。今、大学３年生です。
わたし　だいがくせい　いま　だいがくさんねんせい

　　　　リュウさんの専攻はなんですか。
せんこう

일본어의 숫자읽기와 조사 「も」의 사용에 대해 배웁니다.

3年生です。 3학년입니다.
私の専攻もデザインです。 제 전공도 디자인입니다.

リュウ　私の専攻は経済学です。 キムさんの専攻は?

ソラ　私の専攻はデザインです。

(1) A : パクさんは中国人ですか。

　　 B : いいえ、中国人ではありません。 韓国人です。

(2) A : 加藤さんも大学2年生ですか。

　　 B : いいえ、加藤さんは大学2年生ではありません。

　　　　 3年生です。

私(わたし)　　　　韓国人(かんこくじん)　　　中国人(ちゅうごくじん)

大学生(だいがくせい)　　年生(ねんせい)　　　　専攻(せんこう)

経済学(けいざいがく)

① はじめまして。私は、キムソラです。韓国人です。

・**韓国人(かんこくじん)**：한국인

日本人(にほんじん)　　　　　　中国人(ちゅうごくじん)

アメリカ人(じん)　　　　　　　フランス人(じん)

▶「韓国人」과「中国人」에서「国」의 발음에 주의.

② リュウさんは大学生ですか。

中村(なかむら)さんは会社員(かいしゃいん)ですか。

加藤(かとう)さんは先生(せんせい)ですか。

③ はい、私は大学生です。キムさんは?

私(わたし)は会社員(かいしゃいん)です。鈴木(すずき)さんは?

私(わたし)は日本学科(にほんがっか)です。あなたは?

④ 私も大学生です。今、大学3年生です。リュウさんの専攻はなんですか。

・**私(わたし)も**：나도, 저도　　　　・**今(いま)**：지금

・**〜の〜**：〜의 〜(명사와 명사를 연결해 주는 말)

・**3年生(さんねんせい)**：3학년　　・**専攻(せんこう)**：전공

私(わたし)も学生(がくせい)です。

今(いま)、大学(だいがく)1年生(いちねんせい)です。

鈴木(すずき)さんの専攻(せんこう)はなんですか。

私(わたし)も日本学科(にほんがっか)です。

今(いま)、４年生(よねんせい)です。

田中(たなか)さんは3年生(さんねんせい)ですか。

▶ 기본적인 숫자읽기

1	2	3	4	5
いち	に	さん	よん、し、よ	ご
6	7	8	9	10
ろく	しち、なな	はち	きゅう、く	じゅう

5 私の専攻は経済学です。キムさんの専攻は?

私(わたし)の専攻(せんこう)は国文学(こくぶんがく)です。

キムさんの専攻(せんこう)は?

私(わたし)の専攻(せんこう)はコンピューターです。パクさんの専攻(せんこう)は?

| 문 | 법 | 포 | 인 | 트 |

〜も 〜です 〜도 〜입니다

〜は 〜ではありません 〜은 〜이/가 아닙니다(では는 줄여서 じゃ라고도 한다.)

これもデジカメです。 이것도 디지털카메라입니다.

それはデジカメではありません。 그것은 디지털카메라가 아닙니다.

1. 다음 보기와 같이 바꾸어 써 보세요.

> 보기 ▶ A: リュウさんは ⓐ<u>大学２年生</u>ですか。
>
> B: いいえ、ⓐ<u>大学２年生</u>じゃありません。ⓑ<u>3年生</u>です。

① ⓐ 会社員(かいしゃいん)　　ⓑ 公務員(こうむいん)

A: _______________________________

B: _______________________________

② ⓐ 大学生(だいがくせい)　　ⓑ 会社員(かいしゃいん)

A: _______________________________

B: _______________________________

③ ⓐ 日本学科(にほんがっか)　　ⓑ 英文学科(えいぶんがっか)

A: _______________________________

B: _______________________________

2. 다음 글을 써보면서 한자표기 단어는 ひらがな로 바꾸어 써보세요.

① キムソラさんは、韓国人です。今、大学3年生です。専攻はデザインです。

→ _______________________________

② リュウケンさんは、中国人です。リュウさんも大学生です。専攻は経済学です。

→ _______________________________

1. 다음 대화의 밑줄 친 부분을 바꾸어 읽는 연습을 하세요.

> A : 山田（やまだ）さんは ⓐ大学生ですか。
> B : いいえ、ⓐ大学生じゃありません。ⓑ会社員です。

①　ⓐ 日本人（にほんじん）　　　　ⓑ 韓国人（かんこくじん）

②　ⓐ 会社員（かいしゃいん）　　　ⓑ 大学生（だいがくせい）

③　ⓐ 韓国人（かんこくじん）　　　ⓑ 日本人（にほんじん）

④　ⓐ 日本語（にほんご）の 先生（せんせい）　　　ⓑ 英語（えいご）の 先生（せんせい）

2. 보기와 같이 연습을 해 보세요.

> 보기 ▶ 私 / 本 → これは私の本です。

① いもうと / ケータイ　　　② おとうと / パソコン

③ 田中（たなか）さん / カメラ　　　④ せんせい / くるま

3. 다음 대화에서 밑줄 친 부분을 다른 말로 바꾸어 말해보세요.

> A : リュウさんの専攻はなんですか。
> B : わたしの専攻は経済学です。

① 国文学（こくぶんがく）　　　② 日本学（にほんがく）

③ 経営学（けいえいがく）　　　④ 歴史学（れきしがく）

⑤ 英文学（えいぶんがく）　　　⑥ コンピューター

1. 녹음된 내용을 듣고 (　　) 안의 말을 받아쓰세요.

① (　　　　　　　　)。私は、キムソラです。韓国人です。

② わたしは(　　　　　　　) です。

③ わたしは(　　　　　　　) です。

④ いま(　　　　　　) です。

⑤ リュウさんの (　　　　　　　　　) はなんですか。

2. 녹음된 내용을 듣고 질문에 답변해보세요.

① : ソラさんの専攻(せんこう)はなんですか。

　　→ ____

② : リュウさんは何人(なにじん)ですか。

　　→ ____

● 기본적인 수사읽기

0	れい, ゼロ	20	二十(にじゅう)
1	一(いち)	30	三十(さんじゅう)
2	二(に)	40	四十(よんじゅう)
3	三(さん)	50	五十(ごじゅう)
4	四(し、よ、よん)	60	六十(ろくじゅう)
5	五(ご)	70	七十(ななじゅう)
6	六(ろく)	80	八十(はちじゅう)
7	七(しち、なな)	90	九十(きゅうじゅう)
8	八(はち)	100	百(ひゃく)
9	九(きゅう、く)	1,000	千(せん)
10	十(じゅう)	10,000	一万(いちまん)

일본문화 이해하기

일본에서 가장 많이 팔리는 맥주가 [とりあえずビール]라고 하는 우스개소리가 있다. 맥주를 시킬 때 「とりあえずビール(우선 맥주)」라고 하기 때문이다. 그리고 가장 많은 [님]이 「さん」이다. 즉 さん은 사람의 이름이나 성 뒤에 붙여 사용된다. 어린 아이에게는 ちゃん을, 소년이나 남성에게는 くん을 붙인다. 호칭에 있어서 한국과 일본은 유사하나 다른 점이 많다. [님]에는 さん과 さま가 있지만 キムさま라 하지 않고 キムさん이라 한다. 특별히 강조하거나 높일 때는 배용준을 ヨンさま라고 하는 것처럼 さま를 붙여 쓴다. さん은 가게나 회사 이름 같은 데에도 붙여 부드럽게 쓰기도 한다.

ほんや(책방) = ほんやさん(책방 또는 책방 주인)
くすりやさん(약국 또는 약국 주인)

07 ディスカウントショップがありますか。

ソラ　　あの、近くにディスカウントショップがありますか。
　　　　ちか

由子　　はい、あります。

ソラ　　どこにありますか。

由子　　あそこのコンビニのうしろにあります。

ソラ　　ありがとうございます。

여기서는 사물의 존재를 나타내는 「あります」의 사용을 배웁니다.
또 이에 따르는 조사 「に」의 사용을 배웁니다.

[ここ] + [に] + [ほん] + [が] + [あります]
[여기] + [에] + [책] + [이] + [있습니다]

ソラ　　すみません。ノートとシャーペンはどこにありますか。

店員　　ノートはあちらにあります。シャーペンはこちらです。

ソラ　　ありがとうございます。このシャーペンはいくらですか。

店員　　170 円です。
　　　　ひゃくななじゅう えん

(1) A : あの、地下鉄の駅はどこにありますか。
　　　　　　ちかてつ　　えき

　　B : あそこにあります。

(2) A : ノートパソコンはどこにありますか。

　　B : テキストの下にあります。
　　　　　　　　　　した

近(ちか)く　　　円(えん)　　　地下鉄(ちかてつ)　　　駅(えき)
下(した)

① あの、近くにディスカウントショップがありますか。

- 近(ちか)くに：가까이에
- ディスカウントショップ：디스카운트 숍(discount shop)
- ～に ～が あります：～에 ～이/가 있습니다

あの、近(ちか)くに銀行(ぎんこう)がありますか。

あの、このへんに地下鉄(ちかてつ)の駅(えき)がありますか。

② どこにありますか。

- どこ：어디
  *ここ：여기　そこ：거기　あそこ：저기

A：じしょはどこにありますか。
B：つくえのうえにあります。

A：かばんはどこにありますか。
B：あそこにあります。

▶ 위치명사

앞 前(まえ)	뒤 後(うし)ろ
옆 そば	위 上(うえ)
아래 下(した)	왼쪽 左(ひだり)
오른쪽 右(みぎ)	가운데 中(なか)

③ あそこのコンビニのうしろにあります。

- あそこの～：저기의 ～(저기에 있는 ～)
- コンビニ：편의점

A：ボールペンはどこにありますか。
B：パソコンのそばにあります。

④ すみません。ノートとシャーペンはどこにありますか。

- ～と～：～와/과 ～
- シャーペン：샤프

すみません。電子辞書(でんしじしょ)と眼鏡(めがね)はどこにありますか。

すみません。テキストと参考書(さんこうしょ)はどこにありますか。

⑤ ノートはあちらにあります。シャーペンはこちらです。

辞書(じしょ)はあちらにあります。参考書(さんこうしょ)はこちらです。

エスカレーターはあちらにあります。エレベーターはこちらです。

⑥ ありがとうございます。このシャーペンはいくらですか。

- いくら：얼마 (값을 묻는 말)
- この～：이 ～≪명사를 수식하는 연체사≫

このノートパソコンはいくらですか。

このデジカメはいくらですか。

⑦ 170 円です。

- 170 (ひゃくななじゅう)
- 円 (えん)：일본 화폐단위

1. 다음 ひらがな는 カタカナ로, カタカナ는 ひらがな로 바꾸어 쓰세요.

① ディスカウント　　　→　（　　　　　　　）

② しょっぷ　　　　　　→　（　　　　　　　）

③ コンビニ　　　　　　→　（　　　　　　　）

④ ノート　　　　　　　→　（　　　　　　　）

⑤ しゃーぺん　　　　　→　（　　　　　　　）

2. カタカナ 표기에 주의하며 써 보도록 하세요.

① ソラさんのいえのちかくに、ディスカウントショップがあります。

　→ ______________________________________

② そのディスカウントショップは、コンビニのうしろにあります。

　→ ______________________________________

③ ディスカウントショップのシャーペンは170えんです。

　→ ______________________________________

1. 다음 대화에서 밑줄 친 부분의 단어를 바꾸어 말해보세요.

> A：すみません。近くに、<u>コンビニ</u>がありますか。
> B：はい、あります。

① ほんや　　　② こうえん　　　③ がっこう　　　④ ゆうびんきょく

2. 아래의 그림을 보면서 예문의 대화처럼 자유롭게 연습을 하세요.

> 보기1 ▶ A：つくえのうえになにがありますか。
> 　　　　 B：<u>本とボールペン</u>があります。
>
> 보기2 ▶ A：つくえはどこにありますか。
> 　　　　 B：<u>いすのまえ</u>にあります。

3. 다음 대화에서 밑줄 친 부분의 단어를 바꾸어 연습하세요.

> A：あの、このへんに<u>銀行</u>がありますか。
> B：ええ、<u>銀行</u>はあそこの<u>コンビニのうしろ</u>にあります。
> A：あそこですね。ありがとうございます。

①本屋（ほんや）　　　　　　学校（がっこう）のうしろ

→ ____

②公園（こうえん）　　　　　コンビニのうしろ

→ ____

③学校（がっこう）　　　　　郵便局（ゆうびんきょく）のまえ

→ ____

④郵便局（ゆうびんきょく）　食堂（しょくどう）のとなり

→ ____

1. 녹음된 내용을 듣고 (　) 안의 말을 받아쓰세요.

① このシャーペンは (　　　　　　　　) です。

② このノートは (　　　　　　) です。

③ このほんは (　　　　　) です。

④ このマウスは (　　　　　) です。

2. 녹음된 내용을 듣고 질문에 답변해 보십시오.

① ディスカウントショップはどこにありますか。

→ _______________________________________

② ディスカウントショップのシャーペンはいくらですか。

→ _______________________________________

● 「あります」는 사물의 존재를 나타내는 말로서 우리말의 「있습니다」에 해당하는데, 사람이나 동물의 경우에는 「います」를 사용하여 나타낸다.
「あります」의 부정형은 「ありません」이며, 묻는 말은 「ありますか」로 된다.

여러분의 일본어도 아나운서급?!

한국에도 말빨리하기(예 : 뜰에 있는 콩깍지가 깐 콩깍지인가 안 깐 콩깍지인가?)가 있듯이 일본어에도 は
やくちことば가 있다. 아나운서가 발음훈련을 위해 연습하기도 한다. 다음 발음을 능숙하게 잘 하면 당신도
일본의 아나운서가 될 수 있을지도 모른다.

となりのきゃくはよくかきくうきゃくだ。
ぼうずがびょうぶにじょうずにぼうずのえをかいた。
なまむぎなまごめなまたまご。

일본의 화폐

　일본화폐의 단위는 엔(「円(えん)·￥」)이에요. 한국과 달리 1円, 5円, 10円, 50円, 100円, 500円 동전들이 아주 유용하게 쓰이고 있습니다.

　재미있게도 5円과 50円짜리에는 우리나라의 옛날 엽전처럼 가운데에 구멍이 뚫려있지요. 그래서 다른 돈과 구별하기 쉽지요.

　지폐는 1000円, 2000円, 5000円, 10000円의 4종류가 있는데, 이 중에서 2000円짜리 지폐는 현재는 잘 사용되지 않고 있어요. 지금 우리나라에서는 1원이나 5원, 10원짜리가 거의 쓰이지 않고 있지만, 일본에서는 물건을 살 때 물건 값의 5%를 소비세로 내야 하기 때문에 요즘도 잔돈이 많이 사용되고 있답니다.

　2004년 11월 1일부터 1000円, 5000円, 10000円권이 새로 발행되었는데 위조를 방지하기 위해 좀 더 정교한 디자인으로 만들었다고 합니다. 10000円권 앞면에는 메이지(明治)시대의 계몽사상가인 후쿠자와유키치(福沢諭吉)의 초상이 전회에 이어 계속 등장하고, 뒷면에는 뵤도인(平等院) 호오토에 있는 봉황상(국보)이 그려져 있습니다.

　5000円권 초상의 모델은 메이지시대 여류소설가인 히구치이치요(樋口一葉)로 바뀌었고, 뒷면에는 에도시대에 독창적인 그림을 그렸던 화가 오가타코린(尾形光琳)의 카키츠바타즈(燕子花図)가 사용되었습니다.

　'카키츠바타즈'는 오가타코린의 작품인데 현재 일본의 국보로 지정되어 있고요, 6쪽짜리 병풍인데 화려한 금박 대화면에 군청색과 청 녹색만을 사용해서 제비붓꽃이 묘사되어 있답니다.

　5000円권의 사이즈는 2000円권을 포함한 4종의 지폐를 쉽게 구별하기 위해서 길이가 조금 길어요.

그리고 1000円권의 초상은 쇼와(昭和)초기의 세균학자이며 황열병 연구 등으로 널리 알려진 노구치 히데요(野口英世)가, 그 뒷면에는 일본을 대표하는 산과 꽃인 후지산과 벚꽃이 그려져 있습니다.

재미있는 것이 한 가지 있는데 우리들이 보통 만 원권 지폐를 '배춧잎' 이라고 하듯이 일본에서도 10000円을 칭하는 속어가 있다는 점이에요. 지폐에 그려져 있는 후쿠자와유키치의 이름을 줄여서 「ゆきち」 또는 「ゆきっちゃん」이라고 한대요. 어때요? 재밌죠?

또한 한 가지 더 재미있는 것은 일본화폐에 콧수염이나 수염이 있는 인물이 많이 등장하는데 일본에서 유명해지려면 콧수염이나 수염을 길러야 하나 봐요.

그러나 어느 나라든지 화폐의 인물은 콧수염이나 주름살이 많은 사람으로 정하는 경향이 많은데 그 실제 이유는 위조를 어렵게 하기 위해서라고 합니다.

▲500円 주화   ▲100円 주화   ▲50円 주화

▲10円 주화   ▲5円 주화   ▲1円 주화

08 兄弟がいますか。
きょう　だい

カリーヌ　ソラさんの恋人ですか。
こいびと

ソラ　　　いいえ、私の弟です。カリーヌさんは兄弟がいますか。
わたし　おとうと　　　　　　　　　　　　　きょうだい

カリーヌ　はい。妹が二人います。これが写真です。
いもうと　ふたり　　　　　　しゃしん

ソラ　　　わあ、かわいいですね。あ、猫もいますね。
ねこ

カリーヌ　ええ、うちのペットです。名前はエムです。
なまえ

존재의 표현 중에서 사람(동물)의 존재를 나타내는「います」의 공부를 합니다.
그리고 가족의 호칭에 대해서 알아봅니다.

[あそこ] + [に] + [ねこ] + [が] + [います。]
[저기] + [에] + [고양이] + [가] + [있습니다.]

だれがいますか。누가 있습니까?　　　　なにがありますか。무엇이 있습니까?

ソラ　　妹さんは今どこにいますか。

カリーヌ　一人はフランスにいます。もう一人はアメリカにいます。

▶ 사진을 보면서

(1) A : これは、私の弟です。

　　B : わあ、かっこいいですね。

(2) A : ぺさんはどこにいますか。

　　B : 教室にいます。

恋人(こいびと)	弟(おとうと)	兄弟(きょうだい)	妹(いもうと)
二人(ふたり)	写真(しゃしん)	猫(ねこ)	名前(なまえ)
一人(ひとり)	教室(きょうしつ)		

① ソラさんの恋人ですか。

> ・恋人(こいびと)：애인

山田(やまだ)さんの恋人ですか。

田中(やまだ)さんの友だちですか。

② いいえ、私の弟です。カリーヌさんは兄弟がいますか。

> ・弟(おとうと)：남동생
> ・兄弟(きょうだい)：형제, 자매
> ・います：있습니다 (사람, 동물의 경우에 사용)

山田さんはお兄(にい)さんがいますか。

イさんはお姉(ねえ)さんがいますか。

③ はい。妹が二人います。これが写真です。

> ・妹(いもうと)：여동생　　・二人(ふたり)：2명　　・写真(しゃしん)：사진

姉(あね)が一人(ひとり)います。

弟(おとうと)が三人(さんにん)います。

▶ 사람을 세는 방법

一人(ひとり)	二人(ふたり)	三人(さんにん)	四人(よにん)	五人(ごにん)
六人(ろくにん)	七人(しちにん)	八人(はちにん)	九人(くにん、きゅうにん)	十人(じゅうにん)
十一人(じゅういちにん) ……		＊何人(なんにん)		

④ わあ、かわいいですね。あ、猫もいますね。

- わあ : 와 ! ≪감탄사≫
- かわいい : 귀엽다, 귀여운 ≪형용사≫
- 猫(ねこ) : 고양이
- いますね : 있군요

わあ、きれいですね。

犬(いぬ)もいますね。

⑤ ええ、うちのペットです。名前はエムです。

- うちのペット : 우리 애완동물
- 名前(なまえ) : 이름

うちの姉(あね)です。名前(なまえ)はりえです。

うちの弟(おとうと)です。名前(なまえ)は次郎(じろう)です。

⑥ 妹さんは今どこにいますか。

弟(おとうと)さんは今(いま)どこにいますか。

お兄(にい)さんは今(いま)どこにいますか。

⑦ 一人はフランスにいます。もう一人はアメリカにいます。

- もう一人(ひとり) : 또 한명, 다른 한명
- アメリカ(America) : 미국
- フランス(France) : 프랑스

一人(ひとり)はアメリカにいます。もう一人(ひとり)はフランスにいます。

1. 예문의 밑줄 친 부분을 보기의 단어로 바꾸어 읽는 연습을 해 보세요.

> 보기▶ がくせい
> → <u>がくせい</u>がいます。
> → <u>がくせい</u>がいません。

① せんせい　　　　② せいと　　　③ 友だち

④ 田中(たなか)さん　　⑤ こども　　　⑥ お兄(にい)さん

2. 「います」와 「あります」로 구분하여 말해 보세요.

질문 (1)

① つくえのうえに ______________________________

② いすのしたに ______________________________

③ ソファのうえに ______________________________

④ れいぞうこのまえに ______________________________

질문 (2)

① パソコンはどこにありますか。

　　→ ____

② こどもはどこにいますか。

　　→ ____

③ ボールペンはどこにありますか。

　　→ ____

④ いすはどこにありますか。

　　→ ____

⑤ ねこはどこにいますか。

　　→ ____

1. 다음 ( ) 안의 말을 이용하여 답변해보세요.

① かばんはどこにありますか。　　　（いす、うえ）

　→ ____

② ボールペンはどこにありますか。　（つくえ、なか）

　→ ____

③ 犬(いぬ)はどこにいますか。　　　（テーブル、した）

　→ ____

④ 山田(やまだ)先生(せんせい)はどこにいますか。　　（けんきゅうしつ）

　→ ____

2. 다음 보기의 밑줄 친 말을 바꾸어 말해보세요.

> 보기▶ <u>ひとり</u>は<u>フランス</u>にいます。<u>もうひとり</u>は<u>アメリカ</u>にいます。

① あね、東京(とうきょう)、あに、大阪(おおさか)

　→ ____

② いもうと、アメリカ、あね、フランス

　→ ____

③ あね、カナダ、いもうと、中国(ちゅうごく)

　→ ____

④ おとうと、イギリス、あに、カナダ

　→ ____

3. 다음 대화의 밑줄 친 곳을 보기의 단어로 바꾸어 말하는 연습을 하세요.

> A : 田中さんはどこにいますか。
> B : <u>きょうしつ</u>にいます。
> A : エリちゃんは?
> B : エリちゃんは<u>きゅうけいしつ</u>にいます。

① 図書館(としょかん)　/　コンピューター室(しつ)

② 休憩室(きゅうけいしつ)　/　あのへや

③ 食堂(しょくどう)　/　コーヒーショップ

④ 寮(りょう)　/　研究室(けんきゅうしつ)

1. 녹음된 내용을 듣고 (   ) 안의 말을 받아쓰세요.

   ① A : カリーヌさんは (　　　　　　) がいますか。

    B : はい、(　　　　　　) がふたりいます。

   ② これが (　　　　　) です。

   ③ わあ、(　　　　　) ですね。

   ④ (　　　　　　) がありますか。

2. 녹음된 내용을 듣고 질문에 답변해 보십시오.

   ① カリーヌさんには弟(おとうと)がいますか。

    →

   ② カリーヌさんの妹(いもうと)はどこにいますか。

    →

▶ 가족의 호칭

호칭	자기 가족을 남에게 말할 때	타인의 가족을 말할 때
할아버지	そふ	おじいさん
할머니	そぼ	おばあさん
부모	両親(りょうしん)	ご両親(りょうしん)
아버지	父(ちち)	お父(とう)さん
어머니	母(はは)	お母(かあ)さん
남편	主人(しゅじん)	ご主人(しゅじん)
부인	家内(かない)	奥(おく)さん
형 · 오빠	兄(あに)	お兄(にい)さん
언니 · 누나	姉(あね)	お姉(ねえ)さん
여동생	妹(いもうと)	妹(いもうと)さん
남동생	弟(おとうと)	弟(おとうと)さん

| 일본문화 이해하기 |

일본어의 "우치(うち)"와 "소토(そと)" 문화

일본어에는 うち와 そと라는 개념이 있고, 일본인은 うち와 そと를 구별한다.

うち는 예를 들면, 가족이나 직장 등 자기가 속하는 그룹을 말한다. 따라서 うち와 そと에서는 사용하는 말이 변한다. 일본에서는 보통 가족끼리는 경어를 사용하지 않는다. 그것은 가족이 うち 관계에 있는 가까운 사람이기 때문이다. 그러나 어머니, 아버지 등 사람을 부를 때는 お父さん、お母さん과 같이 쓰기도 한다. 타인에게 자기 아버지를 말할 때 「うちの父は…」와 같이 자기 쪽을 낮추어 말한다.

うち보다는 そと의 사람에게 정중하게 경어를 사용하여 말한다. 이는 한국어에서 윗사람에게 반드시 경어를 사용하는 것과는 달리 일본어는 상대에 따라 달라지는 상대경어이다.

日本語の勉強はどうですか。

▶ 소라는 수업이 끝나고 나서 교실에서 예습을 하고 있다.

やました　キムさん、日本語の勉強はどうですか。

ソラ　　はい、難しいですが、おもしろいです。

やました　それはよかったです。日本の生活はどうですか。

ソラ　　毎日とても楽しいです。

　　　　ホストファミリーもとてもいい人です。

「い형용사」는 어미가 「～い」로 되어 있으며, 「です」가 접속될 때에도 기본형에 접속됩니다.
「い형용사」의 기본형은 연체형으로도 사용되며, 부정형은 「～くありません」이 됩니다.

今日は さむい。
今日は さむいです。
今日は さむい天気です。
今日は さむくありません。

やました　家は遠いですか。
　　　　いえ　　とお

ソラ　　　いいえ、あまり遠くありません。

(1) A : 韓国の生活はどうですか。
　　　　かんこく

　　 B : とても楽しいです。

(2) A : 中国語の授業はどうでしたか。
　　　　ちゅうごくご　　じゅぎょう

　　 B : 難しかったです。

日本語(にほんご)　　勉強(べんきょう)　　難(むずか)しい　　生活(せいかつ)
毎日(まいにち)　　　楽(たの)しい　　　　家(いえ)　　　　　遠(とお)い
中国語(ちゅうごくご)　授業(じゅぎょう)

❶ キムさん、日本語の勉強はどうですか。

> ・日本語(にほんご)の勉強(べんきょう)：일본어 공부
> ・どうですか：어떻습니까?

山田(やまだ)さん、ソウルの生活(せいかつ)はどうですか。
イさん、東京(とうきょう)の天気(てんき)はどうですか。

❷ はい、難しいですが、おもしろいです。

> 難(むずか)しい：어렵다. 어려운 ≪い형용사≫
> おもしろい：재미있다. 재미있는 ≪い형용사≫

おもしろいですが、難しいです。
おいしいですが、たかいです。

❸ それはよかったです。日本の生活のほうはどうですか。

> よかったです：좋았습니다 (다행입니다)
> 日本の生活(せいかつ)：일본생활

A：昨日(きのう)の映画(えいが)はどうでしたか。
B：おもしろかったです。

④ 毎日とても楽しいです。ホストファミリーもとてもいい人です。

> 毎日(まいにち)：매일
> ホストファミリー：호스트 패밀리(host family), 주인 집 가족
> いい人(ひと)：좋은 사람

これはとてもおいしいパンです。

あれはとてもおもしろい映画(えいが)です。

⑤ 家は遠いですか。

> 家(いえ)：집. (→「うち」라고도 한다. 상대방의 집을 정중하게 말할 때 「お宅(たく)」를 사용한다.)
> 遠(とお)い：멀다, 먼 ≪い형용사≫

A : お宅は近(ちか)いですか。

B : いいえ、ちょっと遠いです。

⑥ いいえ、あまり遠くありません。

> いいえ：아니오.
> あまり：그다지. 별로
> 遠(とお)くありません：멀지 않습니다

A : お宅は近いですか。

B : いいえ、あまり近くありません。

1. 다음 대화를 연습해 보세요.

> 보기▶ A : ⓐ<u>これ</u>はどうですか。
> B : ⓑ<u>いいですが、少し高い</u>です。

① ⓐ このみせ　　　ⓑ この町(まち)でいちばん新(あたら)しい店(みせ)

→ ____

② ⓐ こちら　　　　ⓑ いいですが、少(すこ)し重(おも)い

→ ____

③ ⓐ これ　　　　　ⓑ おいしいですが、少し甘(あま)い

→ ____

④ ⓐ このほん　　　ⓑ おもしろいですが、少し高い

→ ____

2. 동일한 의미끼리 서로 연결해 보세요.

① 재미있다 ・　　　・ とおい　　　・　　　・ 良い

② 기쁘다 ・　　　　・ よい　　　　・　　　・ 面白い

③ 멀다 ・　　　　　・ おもしろい ・　　　・ 難しい

④ 어렵다 ・　　　　・ むずかしい ・　　　・ 遠い

⑤ 좋다 ・　　　　　・ うれしい　　・　　　・ 嬉しい

1. 보기의 예문과 같이 읽는 연습을 해 보세요.

> 보기▶ このへやはひろいです。 → ひろいへやですね。

① このかばんはたかいです。　　　　→ ________________

② このつくえはおおきいです。　　　→ ________________

③ そのくつはやすいです。　　　　　→ ________________

④ あの映画(えいが)はおもしろいです。 → ________________

⑤ この本はむずかしいです。　　　　→ ________________

⑥ このにもつはおもいです。　　　　→ ________________

2. 다음 대화를 밑줄 친 부분을 바꾸어 가며 읽어보세요.

> A : キムさん、ⓐにほんごのべんきょうはどうですか。
> B : 少しⓑむずかしいですが、ⓒおもしろいです。

① ⓐ えいごのべんきょう　　ⓑ むずかしい　　ⓒ たのしい

② ⓐ がっこうのせいかつ　　ⓑ たいへん　　　ⓒ おもしろい

③ ⓐ かんこくのキムチ　　　ⓑ からい　　　　ⓒ おいしい

④ ⓐ にほんのせいかつ　　　ⓑ いそがしい　　ⓒ たのしい

3. 다음 대화의 밑줄 친 단어를 바꾸어 말해보세요.

> A : ⓐ<u>家</u>は ⓑ<u>遠い</u>ですか。
>
> B : いいえ、あまり ⓑ<u>遠く</u>ありません。

① ⓐ がっこう　　ⓑ ちかい　　② ⓐ 日本の冬(ふゆ)　　ⓑ さむい

③ ⓐ そのかばん　ⓑ たかい　　④ ⓐ 試験(しけん)　　ⓑ むずかしい

1. 녹음된 내용을 듣고 (　　) 안의 말을 받아쓰세요.

① それは (　　　　　　　) です。

② まいにちとても (　　　　　　　) です。

③ いえはあまり (　　　　　　　　)。

④ (　　　　　　　) ですが、おもしろいです。

2. 녹음된 내용을 듣고 질문에 답변해 보십시오.

① ソラさんの日本の生活はどうですか。

　　→

② ソラさんの家は日本語学校から遠いですか。

　　→

■ い형용사 어휘

大(おお)きい 크다  小(ちい)さい 작다

高(たか)い 높다 / 비싸다  低(ひく)い 낮다 / 安(やす)い 싸다

重(おも)い 무겁다  軽(かる)い 가볍다

長(なが)い 길다  短(みじか)い 짧다

赤(あか)い 빨갛다  青(あお)い 파랗다

白(しろ)い 하얗다   黒(くろ)い 검다

| 일본문화 이해하기 |

Home stay　(ホームステイ)

홈스테이는 우리말의 민박과 다르며 영업을 하지 않는 경우로 주로 기관이나 단체의 자매결연 등을 통하여 무료로 먹고 자고 하는 것을 말한다. 그 가족을 ホストファミリー(host family)라 하며, 주인을 ホスト 라 한다. 일본을 이해하고 체험하는데 가장 좋은 기회이니 추천한다.

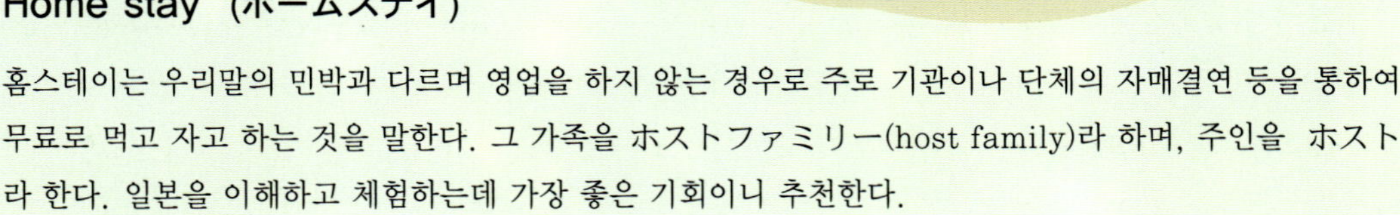

기모노

　사람에 따라 다르겠지만 일본하면 후지산, 기모노, 사시미, 신칸센, 전자제품, 온천 같은 게 떠오를 거예요. 이번에는 일본의 전통의상인 기모노(着物)에 대해 알아볼까요?

　기모노에는 남성 것과 여성 것이 있지만, 여성 쪽이 예쁘고 유명하지요. 일본인들이 외국인에게 「기모노」를 설명할 때, 곧잘 ‘감춤의 미학’이니 ‘걸어 다니는 미술관’이라며 자화자찬하는데, 그건 바로 맨살을 드러내지 않는다는 점과 옷감에 펼쳐진 다채로운 문양을 자랑하고 싶어서래요. 그렇지만 실제로 입는 사람은 정말 괴로울 거예요. 기모노를 입으면 걸음걸이, 옷 등 매우 불편하기 때문이지요.

　우리가 명절이나 특별한 때에만 한복을 입듯이 일본인들도 기모노를 평소에는 잘 입지 않고, 결혼식이나 성인식, 졸업식 같은 큰 행사 때 입어요. 또 결혼한 남녀는 가문을 나타내는 검은색 「기모노」를 입는다고 해요.

　그리고 기모노를 입을 때 주의할 점은 오른쪽 여밈인 평상복과는 달리 왼쪽 여밈으로 입는다고 하네요. 오른쪽 여밈은 평생에 단 한번 수의 입을 때만 한대요. 잘못 여며 입으면 유령으로 오해받을 수 있으니까 기모노 입을 땐 주의를 하는 것이 좋겠지요?

　그리고, 기모노가 정말로 잘 어울리는 사람은 남성이라면 체격이 좋은 사람, 여성이라면 가슴이 작고 허리가 날씬한 사람이지요. 기모노를 입은 미인이 진정한 미인일까요?

　또한 질이 좋은 비단을 사용하여 만드는 경우에는 가격이 너무 비싸서 수십만 원에서 수천만 원 이상을 호가한다고 하는데, 「기모노」를 입을 때는 신발 대신 나무로 만든 굽이 높은 나막신(げた)이나, 목면 또는 가죽으로 만든 굽이 낮은 샌들(ぞうり)을 신어요. 이런 신발에는 원통으로 생긴 양말대신 엄지발가락과 둘째발가락 사이가 갈라진 면버선(たび)을 신지요.

　일본의 전통의상인 「기모노」의 특징은 바로 허리에 두르는 오비(帯)에 있다고들 해요. 오비의 위치를 허리 위로 올림으로써 상반신에 비해 하반신이 길게 보여 더욱 아름답게 보이기 위함이지요. 오비는 작달막한 일본인의 체구를 둘로 나누어 조금이라고 예쁘게 보이기 위한 애교스러운 눈가림의 미학이라고 할 수 있어요.

10 ソウルはにぎやかですね。

カリーヌ　ソラさん、ソウルはどんな町ですか。

ソラ　　ソウルはとてもにぎやかな町です。人も車も多いです。

これはソウルの絵はがきです。

カリーヌ　わあ、きれいな夜景ですね。ここはどこですか。

「な형용사」는 어미가 「〜だ」로 되어 있으며, 어미가 「〜な」로 되면 체언을 수식하는 연체형이 됩니다.

町は にぎやかだ。
町は にぎやかです。
にぎやな町です。

ソラ　　ここは、ソウルで一番有名な川です。
　　　　　　　　　　　　　　いちばん ゆうめい　　かわ

　　　　パリのセーヌ川はどうですか。
　　　　　　　　　　がわ

カリーヌ　セーヌ川もとてもきれいですよ。私の大好きな川です。
　　　　　　　　　　　　　　　　　　　わたし　だい す

(1) A : チェジュ道はどんなところですか。
　　　　　　どう
　　 B : とてもきれいな島です。
　　　　　　　　　　しま

(2) A : ソウルは交通がとても便利ですよ。
　　　　　　　　こう つう　　　　　べん り
　　 B : そうですか。

町(まち)	人(ひと)	車(くるま)	多(おお)い
絵(え)はがき	夜景(やけい)	一番(いちばん)	有名(ゆうめい)だ
川(かわ)	セーヌ川(がわ)	大好(だいす)きだ	島(しま)
交通(こうつう)	便利(べんり)だ		

① ソラさん、ソウルはどんな町ですか。

- どんな : 어떤　　　*こんな : 이런　　そんな : 그런　　あんな : 저런
- 町(まち) : 마을, 동네, 거리

これはどんな本(ほん)ですか。

あの映画(えいが)はどんな映画ですか。

② ソウルはとてもにぎやかな町です。人も車も多いです。
これはソウルの絵はがきです。

- にぎやかな : 번화한, 성대한 ≪な形容詞≫
- 車(くるま) : 차, 자동차
- 多(おお)い : 많다 ≪い形容詞≫
- 絵(え)はがき : 그림엽서

しずかな部屋(へや)ですね。

ここはにぎやかですね。

コーヒーも紅茶(こうちゃ)もおいしいですね。

映画(えいが)も漫画(まんが)もおもしろいですね。

③ わあ、きれいな夜景ですね。ここはどこですか。

- きれいな : 예쁜, 깨끗한 ≪な形容詞≫
- 夜景(やけい) : 야경, 밤경치

にぎやかなパーティーですね。

きれいな花(はな)ですね。

④ ここは、ソウルで一番有名な川です。パリのセーヌ川はどうですか。

- ソウルで：서울에서
- 一番(いちばん)：제일, 가장
- 有名(ゆうめい)な：유명한 《な형용사》
- パリ：파리(Paris), 프랑스의 수도
- セーヌ川(がわ)：세느강 → 川(かわ)：강

富士山(ふじさん)は日本で一番有名な山(やま)です。

ソウルは世界(せかい)で一番有名な観光地(かんこうち)です。

⑤ セーヌ川もとてもきれいですよ。私の大好きな川ですよ。

- きれいです：깨끗합니다 《な형용사》
- 大好(だいす)きな：아주 좋아하는 《な형용사》

私の大好きな果物(くだもの)です。

お父(とう)さんの大好きなお酒(さけ)です。

1. 다음을 말이 되도록 주어진 단어를 바르게 배열하세요.

① は / ソウル / まち / とても / にぎやかな / です。

　　→ ____

② これ / ソウル / は / の / です。/ えはがき

　　→ ____

③ しずかな / とても / こうえん / です。

　　→ ____

2. 다음 한자 단어의 바른 읽기를 보기와 같이 カタカナ로 쓰세요

> 보기▶ 人 → (ヒト)

① 町 (　　　)　　　　② 車 (　　　　)

③ 夜景(　　　　)　　　④ 一番(　　　　)

⑤ 有名(　　　　)　　　⑥ 大好(　　　　) き

1. 보기와 같이 文型을 바꾸어 읽는 연습을 해 보세요.

> 보기 ▶ このへやはしずかです。→ しずかなへやです。

① あの先生はりっぱです。　　　　　→ _______________________

② こどもは元気(げんき)です。　　　→ _______________________

③ この花(はな)はきれいです。　　　→ _______________________

④ パーティーはにぎやかです。　　　→ _______________________

⑤ あの学生は真面目(まじめ)です。　→ _______________________

⑥ この機械(きかい)は便利(べんり)です。→ _______________________

2. 다음 대화에서 밑줄 친 부분의 말을 바꾸어 연습해 보세요.

> A : ソラさん、ⓐ山田さんはどんな人ですか。
> B : ⓐ山田さんはとてもⓑ親切(しんせつ)な人です。

① ⓐキム　　　ⓑすてきだ　　　② ⓐパク　　　ⓑハンサム

③ ⓐジョン　　ⓑりっぱだ　　　④ ⓐイ　　　　ⓑきれいだ

3. 다음 주어진 단어를 활용하여 빈칸을 채우세요.

① A : 勉強とスポーツとどちらが好きですか。

  B : _______________________。(スポーツ)

② A : テニスとピンポンとどちらが好きですか。

  B : _______________________。(ピンポン)

③ A : ソウルの町はどうですか。

  B : とても_______________________。(にぎやかだ)

④ A : この公園はどうですか。

  B : とても_______________________。(きれいだ)

1. 녹음된 내용을 듣고 (　　) 안의 말을 받아쓰세요.

　① やまださんは (　　　　　　　) です。

　② ここは日本で (　　　　　　　) です。

　③ イ先生はとても (　　　　　　　) です。

2. 녹음된 내용을 듣고 질문에 답변해 보십시오.

　① ソウルで一番有名な川は何ですか。

　　→ _______________________________________

　② パリの有名な川は何ですか。

　　→ _______________________________________

■ な형용사 어휘

好(す)きだ : 좋아하다   嫌(きら)いだ : 싫어하다

上手(じょうず)だ : 능숙하다   下手(へた)だ : 서툴다

派手(はで)だ : 화려하다   地味(じみ)だ : 검소하다

静(しず)かだ : 조용하다 

便利(べんり)だ : 편리하다 

| 일본문화 이해하기 |

우리나라에도 가볼만한 곳 유명한 곳이 많지만, 일본에도 가볼만한 곳이 여러 곳 있다. 예를 들면, 산은 후지산, 호수는 비와코, 섬은 오키나와, 정원은 오카야마의 고라쿠엔, 절경은 마쓰시마이고, 히로시마의 원폭돔은 평화를 상징한다. 축제는 삿포로의 눈축제가 유명하다. 야경절경은 하코다테가, 온천은 벳푸, 라면은 하카타, 복어는 야마구치이다. 세계문화유산은 쿄토와 나라에 가면 많이 볼 수 있다.

일본주택의 특징

　일본은 어느 지방을 가더라도 집은 작더라도 정원이 잘 가꾸어져 있는 것을 볼 수 있는데, 집도 지역에 따라 지붕의 색깔이나 구조가 조금씩 다르답니다. 일본의 여름은 길고 후텁지근한데 이 때문에 습기가 많아서 어떤 날은 스프레이를 뿌린 머리가 그대로 가라앉을 정도로 끈적끈적하지요. 그래서 여름에는 시원하면서도 겨울에는 따뜻하게 지낼 수 있게 목재를 사용해서 가옥을 짓는 경우가 많이 있습니다.

▲ 部屋(へや)

　일본에 가보면 나지막한 목조건물들을 많이 볼 수 있는데요, 이것은 가장 큰 자연재해인 지진에 대비하기 위한 것이라고 해요. 건물이 낮으면 낮을수록 무너질 확률이 적고 콘크리트건물보다 목조건물이 흔들림에도 훨씬 강하기 때문이라고 하네요.

　예를 들자면, 우리나라의 시골에서 집 공사를 할 적에 콘크리트 건물을 커다란 포클레인으로 쳐서 부수는 광경을 종종 볼 수가 있는데, 콘크리트 건물은 충격을 가하면 그대로 부숴지고 깨져 버리지만, 서로 이가 맞물려진 한옥 같은 건물은 흔들리면서도 그 충격을 최대한 버티고 있는 이치와 비슷하답니다.

▲ 居間(いま)

　하지만, 지진이 많은 일본의 집들은 목조건물이라는 이유 때문에 오히려 화재에는 취약하다는 단점도 있지요. 1995년 고베(神戸) 지진 때 6천여 명의 사망자를 낸 것도 바로 목조건물의 화재가 큰 원인이었다고 하네요.

　「일본의 주택」하면 좁다는 인상이 먼저 떠오르는데, 그것은 도시화에 따른 동경의 엄청난 주택난 때문

이지요. 그러나 최근에는 동경의 주거시설과 편의시설이 좋아져서 동경 U턴 현상이 눈에 띄게 늘어났다고 합니다. 그렇다면 일본 주택의 내부구조에 대해서도 한번 알아보기로 합시다.

한국에 온돌이 있듯이 일본에는 「たたみ」가 있답니다. 「たたみ」는 일본 주거문화생활의 가장 큰 특징이자 우리와 가장 다른 점이라고 할 수 있지요. 「たたみ」는 습기와 냉기조절이 뛰어나서 습기찬 여름과 추운 겨울을 쾌적하게 보낼 수 있도록 해준다고 합니다. 「とこのま」는 그림이나 꽃꽂이를 감상하기 위해서 방 한 쪽 벽면에 만들어둔 공간을 뜻합니다.

그리고 「こたつ」는 일본 고유의 난방도구라 할 수 있는데 낮은 상처럼 생긴 「こたつ」상판 바닥에 적외선 전기등을 달고 이불을 덮은 다음 이불 위에 또 위판을 덮고

그 아래에 발을 넣어서 몸을 따뜻하게 덥히는 도구로 온돌이 없는 일본의 겨울에는 꼭 필요한 난방기구지요. 「こたつ」는 보통 식구들이 둘러앉아서 밥을 먹는 식탁이나 책상 등 다양한 용도로 사용하고 있답니다.

きれいで
かわいいですね。

▶ 전자상가에서 쇼핑을 한다.

店員（てんいん）　いらっしゃいませ。

ソラ　あの、このデジカメはいくらですか。

店員　１万９千円です。
（いち まん きゅう せん えん）

ソラ　安（やす）いですね。ズームはありますか。

店員　はい、あります。

「い형용사」의 중지형은, 어미 「～い」를 「く」로 바꾸어 「て」를 접속합니다. 부정은 어미 「～い」를 「～くない」로 바꾸면 됩니다. 과거형은 「～い」를 「～かった」로 바꾸면 됩니다. 「な형용사」는 어미를 「～で」로 바꾸면 되고 또, 「～で」에 「ない」를 접속하면 부정형이 됩니다. 과거형은 어미를 「だった」로 합니다.

・かる**くて**便利です。
・きれい**で**かわいいです。

ソラ　デザインが、きれいでかわいいですね。

店員　それにとても軽くて便利ですよ。

ソラ　じゃ、それをください。

(1) A：あのノートパソコンはいくらですか。

　　B：18万8千円です。

(2) A：この電子辞書に、韓日辞典はありますか。

　　B：いいえ、ありません。

店員(てんいん)	1万9千(いちまんきゅうせん)	安(やす)い	軽(かる)い
便利(べんり)だ	電子辞書(でんしじしょ)	韓日辞典(かんにちじてん)	

① いらっしゃいませ。

▶ 「いらっしゃいませ」는 영업장에서 손님에게 하는 말로 「어서 오십시오」의 뜻이며, 일반적으로
가벼운 기분으로 사용할 때는 「いらっしゃい」라고도 한다.

② あの、このデジカメはいくらですか。

- デジカメ ：「디지털 카메라」의 약칭.
- いくら ： 값을 묻는 말로 「얼마」에 해당되는 말.

このラジカセはいくらですか。

このパソコンはいくらですか。

③ 1万9千円です。

- 1万9千円(いちまんきゅうせんえん)

▶ 숫자 읽기에서 「万」의 경우는 습관적으로 「일만」이라고 하여 「1万(いちまん)」이라고 말한다.

④ 安いですね。ズームはありますか。

- 安(やす)い ： 싸다 ≪い형용사≫ ↔ 高(たか)い ： 비싸다
- ズーム ： 줌(zoom)

⑤ デザインが、きれいでかわいいですね。

- きれいで ： 깨끗하고, 예쁘고 ≪な형용사≫
- かわいい ： 귀엽다 ≪い형용사≫

この部屋(へや)はしずかで広(ひろ)いです。

恵理ちゃんは真面目(まじめ)でやさしいです。

6 それにとても軽くて便利ですよ。

- それに : 게다가 ≪접속사≫
- とても : 아주, 대단히, 상당히 ≪부사≫
- 軽(かる)くて : 가볍고 ≪い형용사≫ ↔ 重(おも)い : 무겁다
- 便利(べんり) : 편리 ≪な형용사≫ ↔ 不便(ふべん)だ : 불편하다

あの食堂(しょくどう)はやすくておいしいです。

この部屋(へや)はひろくて静(しず)かです。

7 じゃ、それをください。

- じゃ : 그러면, 그럼 ≪접속사≫
- ～を ください : ～을/를 주십시오.

おひやをください。

日本茶(にほんちゃ)をください。

｜문｜법｜포｜인｜트｜

1. い형용사

さむい :　춥다
さむくて : 추워서
さむくないです : 춥지 않습니다
さむくありません : 춥지 않습니다
さむかったです : 추웠습니다

2. な형용사

しずかだ : 조용하다
しずかで : 조용해서
しずかではないです 조용하지 않습니다
しずかではありません 조용하지 않습니다
しずかだったです 조용했습니다
しずかでした 조용했습니다

연습문제

 ···

1. 보기와 같이 2개의 형용사를 연결시켜 써 보세요.

> 보기 ▶ ひろい / きれいだ → ひろくて、きれいです。
> きれいだ / ひろい → きれいで、ひろいです。

① やさしい / まじめ → ______________________________

② とおい / 不便(ふべん) → ______________________________

③ やすい / おいしい → ______________________________

④ しんせつ / やさしい → ______________________________

2. 다음 보기와 같이 2개의 문장을 하나의 문장으로 바꾸어 보세요.

> 보기 ▶ 山田さんはしんせつです。/ 山田さんはやさしいです。
> → 山田さんはしんせつでやさしいです。

① キムさんはハンサムです。/ キムさんはおもしろいです。

→ ______________________________

② ソウルの交通(こうつう)は便利(べんり)です。/ ソウルの交通はいいです。

→ ______________________________

③ ここはしずかです。/ ここはべんりです。

→ ______________________________

④ 山田(やまだ)さんはすてきです。/ 山田さんはかっこいいです。

→ ______________________________

1. 다음 대화의 밑줄 친 단어를 다른 말로 바꾸어 읽어 보세요.

> A：この ⓐ<u>デジカメ</u>はいくらですか。
> B：その ⓐ<u>デジカメ</u>は ⓑ<u>4万5千円</u>です。

① ⓐ シャーペン　　　　　ⓑ 5百円

② ⓐ ノートパソコン　　　ⓑ 12万円

③ ⓐ カメラ　　　　　　　ⓑ 47万ウォン

④ ⓐ カバン　　　　　　　ⓑ 9ドル

2. 다음 대화의 밑줄 친 곳을 보기의 단어로 바꾸어 말하는 연습을 하세요.

> A：あの店はどうですか。
> B：あまり<u>しずか</u>じゃありません。
> A：あ、そうですか。前は<u>しずか</u>でしたが。
> B：ええ、そうでしたね。

① やすい　　　　② しんせつ　　　　③ おいしい　　　　④ きれい

3. 다음 대화의 밑줄 친 곳을 보기의 단어로 바꾸어 말하는 연습을 하세요.

> 보기▶　コーヒーショップ / ひろい / しずかだ
> A：この<u>コーヒーショップ</u>は<u>ひろい</u>ですね。
> B：そうですね。<u>ひろくて、しずか</u>ですね。

① 食堂(しょくどう) / やすい / おいしい

② パン / おいしい / やすい

③ 公園(こうえん) / ひろい / しずかだ

④ おふろやさん / きれいだ / ひろい

1. 녹음된 내용을 듣고 (   ) 안의 말을 받아쓰세요.

① このカメラはとても (   ) です。

② イ先生は (   ) です。

③ 韓国人は (   ) です。

④ 交通は (   ) です。

2. 녹음된 내용을 듣고 질문에 답변해 보십시오.

① デジカメはいくらですか。

→ ____

② デジカメにはズームがありますか。

→ ____

| 일본문화 이해하기 |

일본인 하면 떠오르는 것

일본인은 작은 것, 가벼운 것, 아름답고, 예쁜 것을 좋아한다. 음식도 맛을 중시하지만 시각을 더 중시한다. 그러한 예로 소형 카메라, 소형 오토바이, 소형 트랜지스터라디오 등을 든다. 그래서 한때는 이어령 씨의 『축소지향의 일본인』이라는 책이 베스트셀러가 된 적이 있다. 또 다른 이미지로는 타인에게 폐를 끼치지 않고, 공공규칙을 중시하며 약자를 돌본다. 다른 사람과 다른 행동을 하기보다 집단에 순응하는 경향이 강하다. 그래서 생긴 말로「みんなで渡ればこわくない」가 있다. 이 말은 뭔가를 할 때 한사람이 할 수 없는 것도 모두 같이 하면 가능하다는 의미로 사용된다.

■ 조사의 기본적인 사용

조사는 상황에 따라 다양한 뜻을 나타내기도 하지만, 여기서는 기초적인 사용에 대해서 알아본다.

は	「〜은/는」의 뜻을 나타낸다. ▷예 これは (이것은)、わたしは (나는)、きょうは (오늘은) わたしはキムソラです。 저는 김소라입니다.
も	「〜도」의 뜻을 나타낸다. ▷예 これも (이것도)、わたしも (나도)、きょうも (오늘도) わたしも行きます。 저도 갑니다.
が	주격조사를 나타내는 「〜이/가」의 뜻을 나타낸다. ▷예 これが (이것이)、わたしが (내가)、きょうが (오늘이) これがいいです。 이것이 좋습니다.
の	소유격조사 「〜의」의 뜻을 나타내기도 하며, 명사와 명사를 연결할 때 사용한다. ▷예 わたしの本です。
に	장소·때를 나타내는 「〜에/에게」의 뜻을 나타낸다. ▷예 東京にあります。 도쿄에 있습니다. 3時におわります。 3시에 끝납니다. 私にください。 나에게 주세요.
と	「〜와/과」의 뜻을 나타낸다. ▷예 これと (이것과)、わたしと (나와)、きょうとあした(오늘과 내일) これとそれをください。 이것과 그것을 주십시오.
を	목적격 조사 「〜을/를」의 뜻을 나타낸다. ▷예 これを (이것을)、わたしを (나를)、お金を (돈을) これとそれをください。 이것과 그것을 주십시오.
へ	방향을 나타내는 「〜로/으로」의 뜻을 나타낸다. ▷예 あした日本へいきます。 내일 일본에 갑니다. うちへかえります。 집으로 돌아갑니다.
で	동작이 행해지는 장소를 뜻하는 「〜에서」의 뜻을 나타낸다. ▷예 ここで (여기서)、 学校で (학교에서) うちでべんきょうします。 집에서 공부합니다.
か	의문의 뜻 「〜까?」을 나타낸다. ▷예 どこかへいきますか。(어딘가에 갑니까?)

どんな人が好きですか。

ソラ　　　カリーヌさんはどんなタイプの男性が好きですか。
　　　　　　　　　　　　　　　　　　　　だんせい　　す

カリーヌ　私は、背が高くて、性格の明るい人が好きです。
　　　　　　わたし　せい　たか　　せいかく　あか

　　　　　ソラさんは?

ソラ　　　私は、ハンサムでお金持ちが大好きです。
　　　　　　　　　　　　　　　　かね も　　　だい す

カリーヌ　性格はどんな人が好きですか。

い형용사의 경우는 기본형 그대로 연체형으로 쓰이지만,
な형용사는 어미를 な로 바꾸어 연체형으로 사용한다.

あかるい → あかる**い**人 → 山田(やまだ)さんはとてもあかる**い**人です。
親切だ → 親切**な**人 → 私は親切**な**人が好きです。

ソラ	性格はおもしろくて親切な人がいいです。

性格 — しんせつ

カリーヌ	でも、そんな人がいますか。

ソラ	きっといますよ。

응용회화

(1) A : コーヒーは好きですか。

    B : はい、大好きです。

(2) A : どんな食べ物が好きですか。
       た　　もの

    B : 辛くて、甘い食べ物が好きです。
      から　　　あま

男性(だんせい)	好(す)きだ	背(せ・せい)	高(たか)い
性格(せいかく)	明(あか)るい	お金持(かねも)ち	大好(だいす)きだ
親切(しんせつ)だ	食べ物(たべもの)	辛(から)い	甘(あま)い

① どんなタイプの男性が好きですか。

- タイプ ： 타입(type)
- 男性(だんせい) ： 남성 ↔ 女性(じょせい) ： 여성
- 好(す)きだ ： 좋아하다 ≪な형용사≫ ↔ きらいだ ： 싫어하다

どんなタイプの女性が好きですか。

どんな映画(えいが)が好きですか。

② 背が高くて、性格の明るい人が好きです。

- 背(せい)が高(たか)い ： 키가 크다.
- 性格(せいかく) ： 성격
- 明(あか)るい ： 밝다, 명랑하다 ≪い형용사≫

やさしくて、背の高い人が好きです。

ちいさくて、かわいいものが好きです。

③ ハンサムでお金持ちが大好きです。

- ハンサムだ ： 핸섬(handsome)하다 ≪な형용사≫

真面目(まじめ)で、やさしい女性が好きです。

静(しず)かで、ひろい部屋(へや)が好きです。

④ 性格は親切でおもしろい人がいいです。

- 性格(せいかく)：성격
- 親切(しんせつ)だ：친절하다 ≪な형용사≫
- おもしろい：재미있다 ≪い형용사≫

▶「好きだ」는「좋아하다」의 뜻이고,「いい」는「좋다」의 뜻인 점에 주의하자.
・コーヒーがいいです。커피가 좋습니다.
・コーヒーがすきです。커피를 좋아합니다.

⑤ でも、そんな人がいますか。

- でも：그러나, 하지만 ≪접속사≫
- います：있습니다 (사람이나 동물의 존재를 나타내는 말) ≪동사≫

でも、さしみはいやです。

でも、お金(かね)がありません。

⑥ きっといますよ。

きっと：꼭. 틀림없이 ≪부사≫

▶「いますよ」에서「～よ」는 강조의 뜻을 나타내는 종조사이다.

きっとありますよ。

きっとあしたは雨(あめ)でしょう。

1. 다음을 보기와 같이 바꾸어 쓰세요.

> 보기 ▶ やさしい → やさしくて　　　しんせつだ → しんせつで

① おいしい　　→ ＿＿＿＿＿＿＿＿　　きれいだ　　→ ＿＿＿＿＿＿＿＿

② あつい　　　→ ＿＿＿＿＿＿＿＿　　しずかだ　　→ ＿＿＿＿＿＿＿＿

③ うれしい　　→ ＿＿＿＿＿＿＿＿　　まじめだ　　→ ＿＿＿＿＿＿＿＿

④ いそがしい → ＿＿＿＿＿＿＿＿　　ひまだ　　　→ ＿＿＿＿＿＿＿＿

⑤ たかい　　　→ ＿＿＿＿＿＿＿＿　　にぎやかだ → ＿＿＿＿＿＿＿＿

2. 다음을 보기와 같이 바꾸어 쓰세요.

> 보기 ▶ 家から学校まで<u>ちかい</u>ですか。 → いいえ、<u>ちかくありません</u>。

① しけん問題(もんだい)はやさしいですか。

　→ ＿＿＿＿＿＿＿＿＿＿＿＿＿＿＿＿＿＿＿＿＿＿＿＿＿

② このマンガはおもしろいですか。

　→ ＿＿＿＿＿＿＿＿＿＿＿＿＿＿＿＿＿＿＿＿＿＿＿＿＿

③ 日本語(にほんご)はむずかしいですか。

　→ ＿＿＿＿＿＿＿＿＿＿＿＿＿＿＿＿＿＿＿＿＿＿＿＿＿

④ 東京は寒いですか。

　→ ＿＿＿＿＿＿＿＿＿＿＿＿＿＿＿＿＿＿＿＿＿＿＿＿＿

1. 다음 보기와 같이 말하는 연습을 해보세요.

> 보기 ▶ やさしい、ひと → <u>やさしい</u>ひとが好きです。
>
> しずかだ、へや → <u>しずかな</u>へやが好きです。

① ハンサムだ、男性(だんせい)　→ _______________

② やさしい、女性(じょせい)　　→ _______________

③ おおきい、車(くるま)　　　→ _______________

④ まじめだ、人(ひと)　　　　→ _______________

2. 다음 밑줄 친 부분의 말을 바꾸어 말해보세요.

> A：パクさんはどんなタイプの女性が好きですか。
>
> B：私は、<u>背(せい)が高くて</u>、<u>性格(せいかく)の明(あか)るい</u>人が好きです。

① 美人(びじん)だ、お金持(かねも)ちの人

　→ _______________

② 親切(しんせつ)だ、おもしろい人

　→ _______________

③ やさしい、美人な人

　→ _______________

④ まじめだ、やさしい人

　→ _______________

3. 다음 대화의 밑줄 친 곳을 보기의 단어로 바꾸어 말하는 연습을 하세요.

> A：すみません。このへんにいい@コーヒーショップはありませんか。
>
> B：あります。駅(えき)の前(まえ)に⑥しずかで、ⓒおいしい@コーヒーショップが
> ありますよ。
>
> A：あ、そうですか。ありがとうございます。
>
> B：どういたしまして。

① @ パン屋(や)   ⑥ おいしい   ⓒ やすい

② @ 食堂 (しょくどう)   ⑥ しんせつだ   ⓒ おいしい

③ @ 公園(こうえん)   ⑥ ひろい   ⓒ しずかだ

④ @ 銭湯(せんとう)   ⑥ きれいだ   ⓒ ひろい

1. 녹음된 내용을 듣고 (　　) 안의 말을 받아쓰세요.

① どんなタイプの (　　　　　　　　) が好(す)きですか。

② 背(せい)が高(たか)くて、(　　　　　　　　) が好きです。

③ 私(わたし)は (　　　　　　　) が大好(だいす)きです。

④ 性格(せいかく)は (　　　　　　) がいいです。

2. 녹음된 내용을 듣고 질문에 답변해 보십시오.

① カリーヌさんはどんなタイプの男性(だんせい)が好きですか。

　　→ ____

② 親切(しんせつ)でおもしろい人が好きな人は誰(だれ)ですか。

　　→ ____

<table>
<tr><td colspan="2">｜ 문 ｜ 법 ｜ 포 ｜ 인 ｜ 트 ｜</td></tr>
</table>

[い형용사] + [な형용사] ひろい ＋ きれいだ	ひろくてきれいな部屋(へや)です。 넓고 깨끗한 방입니다.
[な형용사] + [い형용사] きれいだ ＋ ひろい	きれいでひろい部屋です。 깨끗하고 넓은 방입니다.

마쓰리

▲ 高山祭(たかやままつり)

마쓰리(まつり)는 우리의 '제사'나 '축제'라고 할 수 있지요.

일본은 다양하고 화려한 축제문화를 가진 나라로 1년 365일을 마쓰리의 열기 속에서 산다고 할 정도로 100여개의 축제가 일본열도 어딘가에서 항상 열리고 있고, 그들 스스로도 자신들을 '마쓰리 민족'이라 부른다고 합니다.

「まつり」는 본래 신과 죽은 자의 영혼을 기리며, 마을의 神을 봉양하고 그 해의 풍작을 빌고, 질병과 악천후로부터 보호받고 그 지방의 안전을 꾀하기 위하여 행해졌지요.

오늘날에는 지방자치의 가치 확립과 친목도모, 관광 상품개발에 더 큰 비중을 둔다고 합니다.

이른바 '페스티발', '카니발'의 성격으로 점점 변해가고 있다고 볼 수 있지요.

왓쇼이축제는 오미코시(おみこし)를 맨 마을 젊은 남자들이 "왓쇼이 왓쇼이"(ワッショイ、ワッショイ)라는 구령을 외치며 마을 안을 행진하는 것이지요.「ワッショイ」라는 말은 우리나라의 '왔어'라는 말에서 유래되었다고 하는 설도 있지요. 무거움을 달래기 위한 '영차, 영차'와 비슷한 구호인 듯해요.

▲ 博多(はかた)どんたく

「まつり」가 시작되는 마을은 며칠 전부터 깃발과 연등으로 거리가 온통 물들고, 북과 징이 울려 퍼지며「まつり」의 시작을 알리면「たこやき」,「やきそば」,「おこのみやき」, 그리고 어릴 적 추억에 젖게 하는 각종 식품 및 놀이기구 등의 노점상들이 주욱

▲ 祇園祭(ぎおんまつり)

▲ 浴衣(ゆかた)

늘어서서 마쓰리를 즐기는 사람들을 유혹하지요. 젊은 여자들은 평소에는 잘 입지 않는 유카다(ゆかた:온천욕을 한 후 입는 가운으로 옛날에 여름에 입는 옷)로 한껏 멋을 내고 마쓰리의 분위기를 만끽한답니다.

　일본의 3대 마쓰리라고 하면 간다마쓰리와 기온마쓰리, 덴진마쓰리를 들 수 있는데 도쿄의 간다마쓰리(神田祭)는 도쿠가와이에야스가 세키가하라(関ヶ原)전투에서 승리한 것을 기념하여 벌인 축제가 기원이라고 합니다.
　교토의 기온마쓰리(祇園祭)는 일본의 전통을 그대로 느낄 수 있는 마쓰리로 전염병을 퇴치하기 위해 행했던 마쓰리라고 하네요. 마지막으로 오사카의 덴진마쓰리(天神祭)는 1000년 이상의 긴 역사를 자랑하는 축제로 일본의 대표적인 여름 마쓰리라 할 수 있어요.
　이 밖에도 브라질의 리오축제, 독일 뮌헨의 옥토버축제와 더불어 세계 3대축제의 하나로 손꼽히는 삿포로(札幌)의 유키마쓰리(雪祭り)도 아주 유명하답니다. 네부타인형에 불을 붙여 바다에 띄워 보내는 아오모리(青森)의 네부타마쓰리(ねぶたまつり)는 일본을 대표하는 불의 축제라고 합니다.

▲ ねぶた祭

◀ 花火大会(はなびたいかい)

13 もしもし。

▶ 일본에 있는 소라가 서울의 에리에게서 전화를 받는다.

ソラ　　はい、キムソラです。

恵理　　もしもし、ソラちゃんですか。

ソラ　　あ、恵理ちゃん。お元気ですか。
　　　　　　エリ　　　　　　げんき

恵理　　ええ、おかげさまで元気です。

ソラ　　日本はもうすっかり秋になりましたよ。韓国は?
　　　　にほん　　　　　　　　あき　　　　　　　　かんこく

恵理　　こちらももう秋ですよ。

　　　　でも、韓国の食べ物がおいしくて、顔が丸くなりました。
　　　　　　　　　た　もの　　　　　　　　かお　まる

변화를 나타내는 표현으로 형용사의 부사형에 「なる」가 접속되어 「~(하)게 되다」「~(해)지다」의 표현을 배우게 됩니다. 「い형용사」는 「~い」가 「く」로 바뀌어 「なる」가 접속되지만, 「な형용사」의 경우는 「~だ」를 「に」로 하여 「なる」를 접속합니다.

- さむい → さむくなる → さむくなります(추워집니다)
- きれいだ → きれいになる → きれいになります(예뻐집니다)

ソラ　　そうですか。私もダイエットが必要になりましたよ。
　　　　　　　　　　　　　　　ひつよう

　　　　日本のケーキはとてもおいしいです。

恵理　　それにしても、ソラさんの日本語は上手になりましたね。
　　　　　　　　　　　　　　　　　　　にほんご　　じょうず

ソラ　　いいえ、まだまだです。

(1)　A : (リリリーン)はい。

　　　B : もしもし、加藤ですが。田中さんのお宅でしょうか。
　　　　　　　　　　　かとう　　　　たなか　　　　　たく

(2)　A : それでは、また。失礼します。
　　　　　　　　　　　　　しつれい

　　　B : はい、失礼します。

元気(げんき)だ	日本(にほん)	秋(あき)	韓国(かんこく)
食(た)べ物(もの)	顔(かお)	丸(まる)い	必要(ひつよう)だ
上手(じょうず)だ	加藤(かとう)	お宅(たく)	失礼(しつれい)

① もしもし、ソラちゃんですか。

- もしもし：전화를 하는 경우에 사용되는「여보세요」에 해당되는 말이다.

② あ、恵理ちゃん。お元気ですか。

- あ、：아!《감탄사》
- お元気(げんき)ですか：오랜만에 만난 상대의 건강·안부 등을 묻는 말로서, 보통「안녕하십니까?」정도의 말이다.

A：お元気ですか。

B：はい、元気です。

③ ええ、おかげさまで 元気です。

- ええ、：응답하는 말로「はい」보다는 긴장감이 덜하다.
- おかげさまで：덕분에

④ 日本はもうすっかり秋になりましたよ。韓国は?

- もう：이미, 벌써《부사》
- すっかり：완전히, 깨끗이, 전부《부사》
- 秋(あき)になりました：가을이 되었습니다.
  * 春(はる)봄, 夏(なつ)여름, 冬(ふゆ)겨울

しずかになりました。

大学生になりました。

⑤ 韓国の食べ物がおいしくて、顔が丸くなりました。

- 食(た)べ物(もの) : 음식물, 먹는 것
- おいしくて : 맛있어서, 맛있고 (→ おいしい : 맛있다)
- 顔(かお) : 얼굴　　　　　・ 丸(まる)く : 둥글게 (→ まるい : 둥글다)

だんだんむずかしくなります。

だいぶさむくなりました。

⑥ 私もダイエットが必要になりましたよ。日本のケーキはとてもおいしいです。

- ダイエット : 다이어트(diet)　　　・ 必要(ひつよう)だ : 필요하다 ≪명사 · な형용사≫
- ケーキ : 케이크(cake)

お金(かね)が必要になりました。

100万円(ひゃくまんえん)が必要になりました。

⑦ それにしても、ソラさんの日本語は上手になりましたね。

- それにしても : 그것은 그렇고 (화제를 전환하는 경우에 사용하는 말)
- 上手(じょうず)だ : 능숙하다 ≪な형용사≫ ↔ 下手(へた)だ : 서툴다

A : 金(キム)さんは日本語(にほんご)が上手ですね。

B : いいえ、まだ下手です。

⑧ いいえ、まだまだです。

▶ 「まだ」는 「아직」을 뜻하는 말인데 2번 반복하여 말하면 「아직도 멀었음」을 나타내는 말이 된다.

1. 다음 보기와 같이 문형을 만들어 보세요.

> 보기▶ たかい → たかくなります
> きれいだ → きれいになります

① あつい　　　　→ ________________________

② むずかしい　　→ ________________________

③ やわらかい　　→ ________________________

④ しずかだ　　　→ ________________________

⑤ 元気(げんき)だ → ________________________

2. 다음 보기와 같이 문형을 만들어 보세요.

> 보기▶ 顔がまるい → 顔がまるくなりました。
> 部屋がしずかだ → 部屋がしずかになりました。

① 日本(にほん)はもう秋(あき)だ

→ ________________________

② とてもきれいだ

→ ________________________

③ お金(かね)が必要(ひつよう)だ

→ ________________________

④ 物価(ぶっか)が高(たか)い

→ ________________________

⑤ 日本語(にほんご)がだんだんむずかしい

→ ________________________

1. 다음 보기의 (　) 안에 말을 바꾸어 연습을 하세요.

> 보기▶ A : こちらは (秋) になりましたが、そちらはどうですか。
>   B : こちらも (秋) になりました。

① 冬(ふゆ)　　② 春(はる)　　③ 寒(さむ)い　　④ 暖(あたた)かい

2. 다음 밑줄 친 부분의 말을 바꾸어 말해보세요.

> 보기▶ A : 最近、高いですね。
>   B : ええ、前より高くなりました。

① あつい　　　　　② むずかしい　　　　③ 安(やす)い
④ しずかだ　　　　⑤ 元気だ　　　　　　⑥ きれいだ

3. 다음 대화에서 (　)안의 말을 「～くなる」,「～になる」의 형태로 말해보세요.

① A : お元気ですか。

　B : ええ、だいぶ(元気だ)。

② A : ソラさんの日本語は(上手だ)ね。

　B : いいえ、まだまだです。

③ A : 最近(さいきん)いそがしいですか。

　B : ええ、ちょっと(忙(いそが)しい)。

④ A : こちらはだんだん寒(さむ)くなりましたが、そちらはいかがですか。

　B : ええ、こちらもだいぶ(寒い)。

1. 녹음된 내용을 듣고 (　　) 안의 말을 받아쓰세요.

① ええ、おかげさまで (　　　　　　) です。

② こちらも (　　　　　) ですよ。

③ 私もダイエットが (　　　　) よ。

④ 日本のケーキは (　　　　) です。

2. 녹음된 내용을 듣고 질문에 답변해 보십시오.

① 恵理(エリ)ちゃんは、何(なん)で顔(かお)が丸(まる)くなりましたか。

→ _______________________________________

② ソラちゃんが好(す)きな食(た)べ物(もの)は何ですか。

→ _______________________________________

| 일본문화 이해하기 |

일본의 공중전화기에서는 10엔, 100엔, 전화카드를 사용할 수 있다. 전화번호를 모를 때에는 104로 문의하면 된다. 지역번호는 도쿄 03, 오사카는 06, 교토는 075번이다. 우리나라와 달리 어디에서나 국제전화를 할 수 있는 것은 아니다. 골드패널이 부착된 곳에서만 가능하다.
001-010-82(한국)-2(서울)-413-9238(전화번호)식으로 하면 된다.
한국에서 국제 전화카드를 사가서 전화하면 저렴하고 편리하다. 카드 뒤에 거는 방법이 있으니 그대로 따라 하면 된다. 전화번호는 090-314-8705 (ゼロ きゅうゼロ の さんいちよん の はちななゼロごー)로 읽는다.

■ **전화 걸기**

▷예 일반가정집으로 전화를 걸어서 누군가를 찾을 때

    A : もしもし、(田中さん)のお宅でしょうか。
    B : はい、(田中)です。
    A : 山田と申しますが、美智子(みちこ)さんをお願いします。
    B : はい、少々おまちください。

■ **전화번호 읽기**

숫자읽기 「いち・に・さん・し・ご・ろく・しち・はち・く・じゅう」는, 전화번호 등을 알려주는 경우, 「4」는 「よん」, 「7」은 「なな」, 「9」는 「きゅう」로 읽는 것이 알아듣기에 편안하다. 「7634-9801」의 경우, [なな・ろく・さん・よん (局(きょく))の きゅう・はち・ゼロ・いち]라고 읽는 것이 일반적이다. 또는, 02-426-1793은 다음과 같이 읽는다.

ゼロ にの、よん に ろくの、いち なな きゅう さん
0   2   4 2 6   1 7 9 3

※「0」은 「ゼロ(zero)」, 「まる」 또는 「れい(零)」라고 읽는다. 방송이나 공식적인 자리 등에서는 「れい」라고 읽는 것이 좋으며, 수학적으로 읽는 경우, 「れい」로 읽는 것이 원칙이다.

    ▷예 0.62 (れい・てん・ろく・にー)

※ 숫자를 읽을 때 「2」는 「に」를 長音으로 하여 「にー」로 읽는다. 경우에 따라 「ふた」라고도 읽는다. 그리고 「5」도 「ごー」로 장음으로 읽는다.

• 휴대폰 けいたいでんわ(けいたい、ケータイ) 090、080
• 자동응답기 るすばんでんわ(るすばん)

14　鎌倉へ行きます。
かま　くら　　　　い

ソラ　明日、鎌倉へ行きます。
　　　あした

初　それはうらやましいですね。鎌倉は大仏が有名ですよ。
　　　　　　　　　　　　　　　　　　だい ぶつ　　ゆうめい

　　ソラさん、だれと行きますか。

ソラ　日本語学校のクラスの友達と行きます。
　　　に ほん ご がっこう　　　　　　ともだち

初　何時ごろ行きますか。
　　なん じ

ソラ　朝8時に家に友達が来ます。
　　　あさはちじ　いえ　　　　　き

동사의 「ます형」은 「연용형」이라고도 합니다.
「ます형」은 '현재'와 '미래'의 의미가 있습니다.

バスで行きます。

初　　そうですか。電車で行きますか。
　　　　　　でんしゃ

ソラ　いいえ、電車では行きません。バスで行きます。

　　　夜は9時ごろ家に帰ります。
　　　よる　　く　じ　　　　　かえ

(1)　A：日曜日に京都へ行きます。

　　　B：いいですね。

(2)　A：今度、家族と北海道へ行きます。
　　　　こん ど　　か ぞく　　ほっ かい どう
　　　B：うらやましいですね。いつごろ行きますか。

明日(あした)	鎌倉(かまくら)	大仏(だいぶつ)	有名(ゆうめい)
日本語学校(にほんごがっこう)		友達(ともだち)	朝(あさ)
8時(はちじ)	電車(でんしゃ)	夜(よる)	帰(かえ)る
日曜日(にちようび)	京都(きょうと)	今度(こんど)	家族(かぞく)

① 明日、鎌倉へ行きます。

- 明日(あした)：내일
- 鎌倉(かまくら)：가마쿠라 ≪지명≫
- ～へ：～로, ～에 ≪조사≫
- 行(い)きます：갑니다 ≪기본형：行く≫

広島(ひろしま)へ行きます。
広島に来ます。

② それはうらやましいですね。鎌倉は大仏が有名ですよ。
ソラさん、誰と行きますか。

- うらやましい：부럽다 ≪い형용사≫
- 大仏(だいぶつ)：대불 (큰 仏像)
- 有名(ゆうめい)だ：유명하다 ≪な형용사≫
- だれ：누구

横浜(よこはま)は中華料理(ちゅうかりょうり)が有名ですよ。
ブサンはさしみが有名ですよ。

③ 日本語学校のクラスの友達と行きます。

- クラス：클래스(class)
- 友達(ともだち)：친구, 친구들
- ～と行きます：～와 (함께)갑니다

日本人の友達と行きます。
彼女(かのじょ)の妹(いもうと)と行きます。

④ 何時ごろ行きますか。

> • ごろ : 쯤, 경, 무렵

4 時ごろ行きます。

10 時ごろ帰(かえ)ります。

▶ 시간 읽기

1時 (いちじ)	2時 (にじ)	3時 (さんじ)	4時 (よじ)	5時 (ごじ)	6時 (ろくじ)
7時 (しちじ)	8時 (はちじ)	9時 (くじ)	10時 (じゅうじ)	11時 (じゅういちじ)	12時 (じゅうにじ)
何時 (なんじ)	分에 관한 표현은 부록을 참고하세요.				

⑤ 朝八時に家に友達が来ます。

> • 朝(あさ) : 아침   • 来(き)ます : 옵니다 (→ 来(く)る)

10 時に学校(がっこう)へ行きます。

家(いえ)に恵理(エリ)ちゃんが来ます。

⑥ そうですか。電車で行きますか。

> • 電車(でんしゃ) : 전차, 전철   • 〜で : 〜으로, (어떤 수단 방법)으로

車(くるま)で行きます。

⑦ いいえ、電車では行きません。バスで行きます。夜は9時ごろ家に帰ります。

> • 夜(よる) : 밤, 저녁   • 帰(かえ)ります : 돌아옵니다, 돌아갑니다 (→ 帰(かえ)る)

船(ふね)では行きません。

| 문 | 법 | 포 | 인 | 트 |

일본어의 모든 동사는 어미가 「ウ단(う・く・ぐ・す・つ・ぬ・ぶ・む・る)」으로 되어 있으며, 활용 상으로 구분해 볼 때, 세 개의 유형으로 나누어집니다.

- 「1그룹 (일류동사)」← 「오단활용동사」「강변화동사」
- 「2그룹 (이류동사)」← 「상일단활용동사」와 「하일단활용동사」「약변화동사」
- 「3그룹 (삼류동사)」← 「변격활용동사」와 「변칙동사」

▶예외 帰(かえ)る・入(はい)る・知(し)る・切(き)る… 등은 동사의 형태로 보아 「2그룹(이류동 사)」의 모양을 갖추었으나 「1그룹(일류동사)」에 속합니다.

■ 「ます형(연용형)」의 접속

　□ 분류Ⅰ(일류동사)

　　　ならう (習う : 배우다)　　　→　ならいます
　　　かく (書く : 쓰다)　　　　　→　かきます
　　　はなす (話す : 이야기하다)　→　はなします
　　　まつ (待つ : 기다리다)　　　→　まちます
　　　しぬ (死ぬ : 죽다)　　　　　→　しにます
　　　あそぶ (遊ぶ : 놀다)　　　　→　あそびます
　　　よむ (読む : 읽다)　　　　　→　よみます
　　　のる (乗る : 타다)　　　　　→　のります
　　　およぐ (泳ぐ : 수영하다)　　→　およぎます

　□ 분류Ⅱ(이류동사)

　　　みる (見る : 보다)　　　　　→　みます
　　　おきる (起きる : 일어나다)　→　おきます
　　　ねる (寝る : 자다)　　　　　→　ねます
　　　たべる (食べる : 먹다)　　　→　たべます

　□ 분류Ⅲ(삼류동사)

　　　くる (来る : 오다)　　　　　→　きます
　　　する (하다)　　　　　　　　→　します

1. 다음을 보기와 같이 고쳐 써보세요.

> 보기▶ かく → かきます → かきません → かきました → かきませんでした

① ならう → ______________________

② かく　 → ______________________

③ はなす → ______________________

④ まつ　 → ______________________

⑤ しぬ　 → ______________________

⑥ あそぶ → ______________________

⑦ のる　 → ______________________

⑧ <u>かえる</u> → ______________________

⑨ <u>はいる</u> → ______________________

⑩ おきる → ______________________

⑪ ねる　 → ______________________

⑫ <u>する</u>　 → ______________________

⑬ <u>くる</u>　 → ______________________

※「かえる」와「はいる」는 1류동사이고,「する」와「くる」는 3류동사(변격동사) 임에 주의.

2. 다음을 보기와 같이 고쳐 써보세요.

> 보기▶ 日本へ行く。 → 日本へ行きますか。 → 日本へ行きません。

① 納豆(なっとう)を食(た)べる。 → ______________________

② 明日(あした)帰(かえ)る。　　 → ______________________

③ 今日(きょう)来る。　　　　 → ______________________

④ お酒(さけ)を飲(の)む。　　 → ______________________

1. 다음 글을 왼쪽의 말에 어울리도록 오른쪽의 단어를 연결시켜 읽어보세요.

① 一人(ひとり)		旅行(りょこう)
② 電車(でんしゃ)		映画(えいが)を見(み)
③ スポーツカー	で	会社(かいしゃ) に 行きます。
④ 自転車(じてんしゃ)		ドライブ
⑤ みんな		散歩(さんぽ)

2. 다음 밑줄 친 단어를 다른 말로 바꾸어 넣어 말해보세요.

A : 電車(でんしゃ)で行きますか。
B : はい、電車で行きます。
C : 私はバスで行きます。

① バス、タクシー　　　　② バス、自転車(じてんしゃ)

③ タクシー、電車　　　　④ 地下鉄(ちかてつ)、バス

3. 다음 대화의 밑줄 친 곳을 보기의 단어로 바꾸어 말하는 연습을 하세요.

A : 夜(よる)はうちでなにをしますか。
B : テレビをみます。

① ラジオをきく　　　　② ざっしをよむ

③ べんきょうをする　　　　④ こどもとあそぶ

1. 녹음된 내용을 듣고 (   ) 안의 말을 받아쓰세요.

　① (　　　　　　　　　　) 家(いえ)に帰(かえ)ります。

　② 友達(ともだち)は (　　　　　　　　　　) 来ます。

　③ (　　　　　　　　　　) と行きます。

　④ (　　　　　　　　) 行きます。

2. 녹음된 내용을 듣고 질문에 답변해 보십시오.

　① ソラさんは、朝(あさ)何時(なんじ)ごろ鎌倉(かまくら)へ行きますか。

　　→

　② 鎌倉へはなにで行きますか。

　　→

■ 시간 표현

	時(시)		分(분)	秒(초)
1 時	いちじ	1	いっぷん	いちびょう
2 時	にじ	2	にふん	にびょう
3 時	さんじ	3	さんぷん	さんびょう
4 時	よじ	4	よんぷん	よんびょう
5 時	ごじ	5	ごふん	ごびょう
6 時	ろくじ	6	ろっぷん	ろくびょう
7 時	しちじ	7	なな、しちふん	なな、しちびょう
8 時	はちじ	8	はっぷん、はちふん	はちびょう
9 時	くじ	9	きゅうふん	きゅうびょう
10 時	じゅうじ	10	じ(ゅ)っぷん	じゅうびょう
11 時	じゅういちじ	15	じゅうごふん	じゅうごびょう
12 時	じゅうにじ	20	にじ(ゅ)っぷん	にじゅうびょう
何時	なんじ	25	にじゅうごふん	にじゅうごびょう
		30	さんじ(ゅ)っぷん	さんじゅうびょう
		35	さんじゅうごふん	さんじゅうごびょう
		40	よんじ(ゅ)っぷん	よんじゅうびょう
		45	よんじゅうごふん	よんじゅうごびょう
		50	ごじ(ゅ)っぷん	ごじゅうびょう
		55	ごじゅうごふん	ごじゅうごびょう
		60	ろくじ(ゅ)っぷん	ろくじゅうびょう
		何	なんぷん	なんびょう

| 일본문화 이해하기 |

일본에서는 천황이 바뀔 때 마다 새로운 연호를 사용한다. 1926년이 昭和(しょうわ)1년이다. 서기로 환산하려면 1925를 더하면 된다. 즉 쇼와 20년은 1945년이고 쇼와 63년은 1988년이다. 平成(へいせい) 1년은 1989년이다. 2000년은 헤이세이 12년이고, 2005년은 헤이세이 17년 이다.

明治(めいじ) 1868-1912   昭和(しょうわ) 1926-1989

大正(たいしょう) 1912-1926   平成(へいせい) 1989-현재

스모

스모(すもう) 경기는 1년에 6번 행해지며 이를 「혼바쇼(本場所)」라고 하는데 정규경기가 시작되면 하루에 한 경기씩 15일 동안 경기가 계속되지요. 두 선수가 도효(土俵)라는 씨름판 안에서 대결하여, 상대선수의 발바닥 이외의 신체부분이 먼저 땅에 닿게 하거나, 씨름판 밖으로 밀어내면 이기는 일본의 민속 경기 이지요.

경기시간은 4분이고 최고장사인 리키시((力士:스모선수)를 요코즈나(橫綱)라고 부른답니다. 스모선수는 의무교육을 마친 신장 173cm, 체중 75kg이상의 남성이 할 수 있는데 체중상한 제한은 없다고 하네요.

일본의 국기인 스모는 고대 이미지를 연상시키는 화려한 샅바(まわし)와 은행잎으로 올린 머리(おおいちょう), 경기장인 도효(土俵)와 순위제도 등 전통적 관습을 따르고 있고, 일본의 신도 의식과도 관련 있어요.

반즈케(ばんづけ)란 스모 선수들의 성적에 따라 주어지는 지위로 우측은 東, 좌측은 西로 하지요. 순위제도는 최고의 자리인 요코즈나(橫綱)부터 오오제키(大関)、세키와케(関脇)、고무스비(小結)、마에가시라(前頭)등의 순서로 내려가요. 여기까지는 마쿠우치(幕内)라고 하는데 쥬료(十両)、마쿠시타(幕下)、산단메(三段目)、죠니단(序二段)、죠노구치(序の口)가 뒤에 이어지지요.

여기서 재미있는 것은 체중제한이 없다는 것인데요, 작은 사람이 큰 사람을 밀어 넘어뜨리거나 기술로 이길 때는 아주 흥미롭지요. 시합을 하기 전 거구의 리키시가 왼발 오른발을 번갈아 가며 힘차게 내딛고 소금을 뿌리고 시합에 들어가는 전통의식도 이색적입니다.

일본의 스모는 비싸지만 일본을 이해하려면 한 번쯤은 볼 만한 경기에요.

15 今度、食べに行きます
こんど　　　　た

カリーヌ　ここは、小さな中国ですね。
　　　　　　　ちい　　　ちゅうごく

ソラ　　　いいにおいがしますね。あれは、何ですか。
　　　　　　　　　　　　　　　　　　　　　　なん

リュウ　　あれは中華まんです。おいしいですよ。
　　　　　　　　ちゅうか

ソラ　　　私は、お腹がぺこぺこです。ひとつ食べたいです。
　　　　　　わたし　　なか　　　　　　　　　　　た

ポール　　いいですね。食べながら歩きましょう。
　　　　　　　　　　　　　　　　ある

동사의 ます형에는 다양한 형태가 접속됩니다.
ます형에 「ながら」・「たい」・「に」를 접속하여 나타내는 공부를 해 봅시다.

食べながら歩きましょう。
ひとつ食べたいです。
食べに行きます。

ソラ　　　私は、中華料理が好きです。

　　　　　リュウさんは、何か料理をしますか。

リュウ　　私は家でギョーザを作ります。

ソラ　　　本当ですか。今度、食べに行きます。

(1) A : ビビンパプが食べたいです。

　　 B : いいですね。食べに行きましょう。

(2) A : 明日、家でチジミを作ります。

　　 B : いいですね。私も、手伝いに行きます。

今度(こんど)	小(ちい)さな	中国(ちゅうごく)	中華(ちゅうか)
お腹(なか)	食(た)べる	中華料理(ちゅうかりょうり)	
本当(ほんとう)	明日(あした)	手伝(てつだ)う	

1 ここは、小さな中国ですね。

- 小(ちい)さな〜 : 작은 〜 = 小(ちい)さい

小さな部屋(へや)です。

小さい部屋です。

2 いいにおいがしますね。あれは、何ですか。

- においがする : 냄새가 나다

音(おと)がしますね。

3 あれは中華まんです。おいしいですよ。

- 中華(ちゅうか)まん : 중국식 만두

あれはあんまんです。おいしいですよ。

4 お腹がぺこぺこです。ひとつ食べたいです。

- お腹(なか) : 배　　　　・食(た)べたい : 먹고 싶다

お酒(さけ)が飲(の)みたいです。

彼女(かのじょ)に会(あ)いたいです。

▶ 물건을 세는 방법

一つ	二つ	三つ	四つ	五つ	六つ	七つ	八つ	九つ	十
ひとつ	ふたつ	みっつ	よっつ	いつつ	むっつ	ななつ	やっつ	ここのつ	とお

136

⑤ いいですね。食べながら歩きましょう。

- 食(た)べながら : 먹으면서　　・歩(ある)きましょう : 걸읍시다 (→ 歩く)

お茶(ちゃ)でも飲みながら話(はな)しましょう。

テレビを見(み)ながらごはんを食べます。

⑥ 私は、中華料理が好きです。リュウさんは、何か料理をしますか。

- ～が好(す)きです : ～을 좋아합니다 ≪な형용사≫
- ～か : ～인지, ～인가　　・料理(りょうり)をします : 요리를 합니다.

だれか来(き)ましたか。

あれかこれかわかりませんね。

⑦ 私は家でギョーザを作ります。

- 家(いえ)で : 집에서　　・ギョーザを作(つく)ります : 만두를 만듭니다.

部屋(へや)でテレビを見ます。

食堂(しょくどう)でお昼(ひる)を食べます。

⑧ 本当ですか。今度、食べに行きます。

- 本当(ほんとう) : 정말　・今度(こんど) : 이번에. 다음에　・食(た)べに : 먹으러

映画(えいが)を見に行きませんか。

どこかへ遊(あそ)びに行きたいですね。

1. 다음을 보기와 같이 고치세요.

> 보기 ▶ テレビを見(み)る。/ ご飯(はん)を食(た)べる。
> → テレビを見ながらご飯を食べます。

① ご飯を食べる。/ 新聞(しんぶん)を読(よ)む。

→ ____

② 音楽(おんがく)を聞(き)く。/ 勉強(べんきょう)をする。

→ ____

③ ギターをひく。/ 歌(うた)をうたう。

→ ____

④ お茶(ちゃ)を飲(の)む。/ 話(はなし)をする。

→ ____

2. 다음을 보기와 같이 고치세요.

> 보기 ▶ 行く → 行きたい → 行きたくない

① 食べる　→ ________________　→ ________________
② 会(あ)う　→ ________________　→ ________________
③ 遊(あそ)ぶ　→ ________________　→ ________________
④ 休(やす)む　→ ________________　→ ________________
⑤ する　→ ________________　→ ________________
⑥ 来(く)る　→ ________________　→ ________________

1. 다음을 보기와 같이 바꾸어 말해보세요.

> 보기 ▶ お昼(ひる)を食べる。　→　お昼を食べに行きます。

① お茶を飲む。　　　　　　　→ ______________________

② 友（とも）だちに会う。　　→ ______________________

③ たばこを買（か）う。　　　→ ______________________

④ 映画（えいが）を見（み）る。→ ______________________

⑤ 勉強をする。　　　　　　　→ ______________________

⑥ 写真(しゃしん)をとる。　　→ ______________________

2. 다음 밑줄 친 단어를 다른 말로 바꾸어 넣어 말해보세요.

> A：今晩(こんばん)、なにかありますか。
> B：いいえ、別に…。
> A：じゃ、ビールでも飲みに行きませんか。
> B：そうですね。そうしましょう。

① なにか食べる。　　　　　② ゴルフの練習(れんしゅう)をする。

③ 田中（たなか）さんに会う。　④ 野球(やきゅう)でも見る。

⑤ ドライブする。　　　　　⑥ 写真(しゃしん)をとる。

3. 다음 대화의 밑줄 친 곳을 보기의 단어로 바꾸어 말하는 연습을 하세요.

> Ａ：田原(たはら)さん、どこかへ行(い)くんですか。
>
> Ｂ：ええ、これからコンサートへ行くんですが、金(キム)さんもどうですか。
>
> Ａ：私(わたし)も行きたいと思(おも)いますが、仕事(しごと)があるので…。

① 飲(の)みに行く / お金(かね)がない

② 映画(えいが)を見(み)る / アルバイトがある

③ ボーリングをする / 約束(やくそく)がある

④ ドライブに行く / いそがしい

⑤ 花見(はなみ)に行く / 宿題(しゅくだい)がたくさんある

1. 녹음된 내용을 듣고 (   ) 안의 말을 받아쓰세요.

① いい(   ) がしますね。

② お腹(なか)が(   ) です。ひとつ(   ) です。

③ (   ) 歩(ある)きましょう。

④ リュウさんは(   ) 料理(りょうり)をしますか。

⑤ (   ) 。今度(こんど)、食(た)べに行きます。

2. 녹음된 내용을 듣고 질문에 답변하세요.

① 中華街(ちゅうかがい)はどこにありますか。

→ ____

② ソラさんはリュウさんの家(いえ)で何(なに)を食べますか。

→ ____

숫자 읽기에서 우리나라에도 「일·이·삼·사…」가 있고 「하나·둘·셋…」이 있듯이, 일본어에도 고유어로 읽는 방법이 있다. 차이점은 1~10까지만 다르고, 11부터는 동일하다는 것이다.

0	零 (れい)	→	(まる·ゼロ)
1	一 (いち)	→	ひとつ
2	二 (に)	→	ふたつ
3	三 (さん)	→	みっつ
4	四 (し·よん)	→	よっつ
5	五 (ご)	→	いつつ
6	六 (ろく)	→	むっつ
7	七 (しち·なな)	→	ななつ
8	八 (はち)	→	やっつ
9	九 (く·きゅう)	→	ここのつ
10	十 (じゅう)	→	とお
11	十一 (じゅういち)	→	じゅういち
12	十二 (じゅうに)	→	じゅうに

まい : 접시 종이와 같이 얇은 것을 셀 때 사용한다.

ほん : 연필, 넥타이, 맥주와 같이 가늘고 긴 물건을 셀 때 사용한다.

ひき : 고양이와 같이 작은 동물이나 물고기 등을 셀 때 사용한다.

わ　 : 새와 같이 날개가 있는 동물을 셀 때 사용한다.

とう : 코끼리, 소 등과 같이 큰 동물을 셀 때 사용한다.

だい : TV나 라디오 같은 물건을 셀 때 사용한다.

우리나라와 달리 일본에서는 밥공기를 손에 들고 밥을 먹는다. 국을 먹을 때에도 수저로 국물이나 건더기를 먹지 않고 입에 대고 마시는데, 일본의 국은 대부분 된장국으로 건더기가 별로 없다. 건더기는 젓가락으로 건져 먹는다.

한국에서는 젓가락과 수저는 상대방을 향해 놓지만, 일본에서는 옆으로 놓는다.

일본에서는 젓가락과 관련된 예의가 몇 가지 있는데, 그 중에 절대로 해서는 안 되는 것이 하나 있다.

절대로 젓가락에서 젓가락으로 음식물을 건네주어서는 안 된다는 것이다. 일본에서는 젓가락에서 젓가락으로 전해주는 것은 죽은 사람의 뼈뿐이다. 여러분들도 일본에 갈 경우에 주의하기 바랍니다.

❖ 대표적인 일본음식

月見(つきみ)うどん 달걀을 넣은 우동	てんぷらうどん 튀김우동
きつねうどん 유부우동	カツどん 돈가스덮밥
おやこどん 닭고기와 달걀덮밥	おでん 꼬치
すき焼(や)き 전골	ざるそば 냉모밀

일본인의 식생활

한국인은 밥그릇을 식탁에 놓고 밥을 먹지만, 일본인은 밥그릇을 한손에 들고 먹는답니다.

밥그릇의 모양도 다르답니다. 한국의 밥그릇은 바닥이 넓적하지만 일본 밥그릇은 바닥이 좁아요. 이런 차이는 한국의 「숟가락 문화」와 일본의 「젓가락 문화」의 차이에서 나온 것이 아닐까하는 생각이 드는데요. 일본 식탁에서는 카레라이스 등 극히 일부 음식을 제외하고는 숟가락을 거의 쓰지 않습니다. 국을 마실 때도 예외는 아니지요. 일본에서 숟가락이 처음 도입된 것은 서양음식이 본격적으로 들어온 19세기 중엽 메이지유신 이후라고 합니다.

젓가락만으로 음식을 먹는다면 흘릴 것을 우려해 자연히 음식그릇을 손에 들게 되는데, 숟가락을 사용한다면 그릇을 드는 것이 오히려 불편해지겠지요? 예전의 한국은 밥의 열기가 바로 전달되는 놋그릇을 주로 쓴 반면, 일본 식기는 열전달이 잘 안되는 나무그릇이 대부분이었어요.

그러니 식기를 손에 들어도 뜨겁질 않겠지요. 그래서 일본 밥그릇은 손에 쥐기 쉽도록 한국보다 작게 만들어져 있어요.

▲ 朝食(ちょうしょく)

밥에 국을 말아먹는 방식도 약간의 차이가 있는데 한국에서는 국에 밥을 넣지만 일본에서는 밥 위로 국을 붓고요, 국에 여러 가지가 많이 들어가는 한국과는 달리 일본의 국은 멀건 국물만 있는 경우가 많아요. 찌개를 함께 먹을 때 각자의 숟가락으로 떠다먹는 것도 금기사항 중의 하나니까, 일본인들과 함께 식사할 때는 앞 접시(とりざら)를 잘 사용 하는 게 좋을 거에요.

茶를 마실 때에는 '중국차는 향으로, 일본의 차는 색으로, 한국의 차는 맛으로'라는 말이 있는데요, 일본요리의 특징도 '일본요리는 눈으로 먹는 요리' 라는 말이 있을 정도로 시각을 중요시한답니다.

또한 요리의 양이 적은 반면에 섬세
하고 계절감이 뚜렷하지요. 이것은 산
과 바다에서 나는 것들을 조화롭게 이
용하기 때문이라고 해요.

섬나라인 일본은 지형적 특성에 의
해 해산물이 많이 발달해 있지요. 그
래서 바다에서 얻은 신선한 해산물과
야채를 사용해 맛과 영양의 조화를 이
룬 다양한 요리가 많답니다.

▲ 魚市場(うおいちば)

일본음식에는 설탕, 소금, 간장, 식초, 된장 다섯 가지 조미료가 주로 이용되는데, 그중에서도 특히
간장을 많이 사용하고 평상시에는 낫토, 소바, 라면에다 단무지 정도로 간단하게 점심을 때우기도 하
지요.

일본이 세계 제일의 장수국이라는 별칭이 붙은 이유는 각종 미네랄과 영양소가 풍부한 해산물을 즐
겨먹는데다 소식하는 습관, 그리고 미소시루 같은 담백한 것을 즐기는 식습관의 결과라고 할 수 있을
거예요.

16　10時に上野駅で
会いませんか。

カリーヌ　ソラさん、今週の週末は何をしますか。

ソラ　　土曜日はホストファミリーと出かける予定です。

　　　　日曜日はまだわかりません。

カリーヌ　じゃあ、一緒に浅草に買い物をしに行きませんか。

　　　　私は、来月一時帰国するつもりです。

　　　　ですから、日本のお土産がほしいです。

ソラ　　そうですか。いいですよ。

여기서는 동사의 부정형 「〜ません」, 부정의문문 「〜ませんか」를 배웁니다. 즉, 우리말에 「〜지 않습니다」
의 뜻으로서 「〜ない」의 공손한 표현이 됩니다. 「〜ません」은 ます형에 접속이 됩니다.

まだわかりません。
買い物をしに行きませんか。

カリーヌ　じゃ、10時に浅草駅で会いませんか。

ソラ　　　10時はちょっと…。12時ぐらいでもいいですか。

カリーヌ　ええ、もちろん。お昼、一緒においしいものを

　　　　　食べましょう。

(1) A: 週末は何をしますか。

　　 B: 彼氏と一緒に映画を見に行くつもりです。

(2) A: お茶でもしませんか。

　　 B: ええ、そうしましょう。

上野(うえの)	駅(えき)	会(あ)う	今週(こんしゅう)
週末(しゅうまつ)	土曜日(どようび)	出(で)かける	予定(よてい)
日曜日(にちようび)	一緒(いっしょ)	浅草(あさくさ)	買(か)い物(もの)
来月(らいげつ)	一時(いちじ)	帰国(きこく)	お土産(みやげ)
お昼(ひる)	彼氏(かれし)	映画(えいが)	お茶(ちゃ)

① 今週の週末は何をしますか。

- 今週(こんしゅう) : 금주, 이번 주
- 週末(しゅうまつ) : 주말

来週(らいしゅう)の日曜日は何をしますか。

先週(せんしゅう)の日曜日は何をしましたか。

▶ 요일 읽는 법

日曜日	月曜日	火曜日	水曜日	木曜日	金曜日	土曜日
にちようび	げつようび	かようび	すいようび	もくようび	きんようび	どようび

② 土曜日はホストファミリーと出かける予定です。日曜日はまだわかりません。

- 土曜日(どようび) : 토요일
- 予定(よてい) : 예정
- わかりません : 모르겠습니다 (→ わかる)
- 出(で)かける : 나가다, 외출하다 《동사》
- 日曜日(にちようび) : 일요일

映画(えいが)を見る予定(よてい)です。

国(くに)へ帰(かえ)る予定です。

③ じゃあ、一緒に浅草に買い物をしに行きませんか。

- じゃあ : 그러면, 「じゃ」를 길게 읽은 모양.
- 浅草(あさくさ) : 아사쿠사 〈地名〉
- 行(い)きませんか : 가지 않겠습니까? (→ 行く)
- 一緒(いっしょ)に : 함께
- 買(か)い物(もの)しに : 쇼핑하러

あいさつをしに来ました。

遊(あそ)びに行きましょうか。

④ 私は、来月一時帰国するつもりです。ですから、日本のお土産がほしいです。

- 来月(らいげつ)：다음달
- 一時(いちじ)：일시
- 帰国(きこく)：귀국
- つもり：예정, 생각
- ですから：그렇기 때문에 《접속사》
- お土産(みやげ)：선물, 토산품
- ほしい：갖고 싶다, 원하다 《い형용사》

なにがほしいですか。

⑤ じゃ、10時に浅草駅で会いませんか。

- 浅草(あさくさ)駅(えき)で：아사쿠사역에서
- 〜で会(あ)いませんか：〜에서 만나지 않겠습니까? (→ 会う)

7時に新宿(しんじゅく)駅(えき)で会いましょう。

5時に学校で会いませんか。

⑥ 10時はちょっと…。12時ぐらいでもいいですか。

- ちょっと…：좀… (곤란하다는 표정으로)
- ぐらい：정도, 가량, 쯤
- 〜でも：〜 라도

ちょっと待(ま)ちましょうか。

ちょっといいですか。

⑦ ええ、もちろん。お昼、一緒においしいものを食べましょう。

- もちろん：물론
- お昼(ひる)：점심

一緒(いっしょ)にお茶でも飲みましょう。

一緒に箱根(はこね)へ行きましょう。

1. 다음을 보기와 같이 고쳐 써보세요.

> 보기▶ たべる → たべない → たべません

① のむ　　→ ______________________　→ ______________________

② おわる　→ ______________________　→ ______________________

③ わかる　→ ______________________　→ ______________________

④ あるく　→ ______________________　→ ______________________

⑤ ならう　→ ______________________　→ ______________________

⑥ はいる　→ ______________________　→ ______________________

⑦ くる　　→ ______________________　→ ______________________

⑧ する　　→ ______________________　→ ______________________

2. 보기와 같이「よく」로 묻고「あまり」로 답변하는 연습을 해 보세요.

> 보기▶ よく映画(えいが)をみますか。 → いいえ、あまり見ません。

① よくおさけを飲みますか。

→ ____

② 大学の時はよくデートをしましたか。

→ ____

③ よく小説(しょうせつ)を読(よ)みますか。

→ ____

④ よくデパートへ行きますか。

→ ____

1. 보기와 같이 바꾸어 보세요.

> 보기 ▶ 映画を見る。 → 映画を見に行きますか。

① おさけを飲(の)む。　　　→ ___________________

② 友達に会う。　　　　　→ ___________________

③ 買(か)い物(もの)をする。→ ___________________

④ おいしいものを食べる。→ ___________________

2. 다음 밑줄 친 단어를 다른 말로 바꾸어 말해보세요.

> A：なにかほしいものがありますか。
> B：ええ、わたしはパソコンがほしいです。

① ノートパソコン　　　　② カメラ付きのケータイ

③ デジカメ　　　　　　　④ ラジカセ

3. 다음 밑줄 친 단어를 다른 말로 바꾸어 말해보세요.

> A：時間(じかん)がありますか。
> B：ええ。
> A：お茶でも飲みましょうか。
> B：いいですね。そうしましょう。

① ラーメン / 食べる　　　② たばこ / すう

③ テレビ / 見る　　　　　④ 十分ぐらい / 休(やす)む

1. 녹음된 내용을 듣고 ( ) 안의 말을 받아쓰세요.

① 今週(こんしゅう)の(　　　　　　　）は何をしますか。

② 一緒(いっしょ)に浅草(あさくさ)に(　　　　　　　）　行きませんか。

③ 来月(らいげつ)一時(いちじ)帰国(きこく)する(　　　）です。

　ですから、日本の(　　　　　）　がほしいです。

④ お昼(ひる)、一緒に(　　　　　　　）　をたべましょう。

2. 녹음된 내용을 듣고 질문에 답변해 보십시오.

① カリーヌさんとソラさんは、何曜日(なんようび)に会(あ)いますか。

　→ ____

② カリーヌさんとソラさんは、何時(なんじ)にどこで会いますか。

　→ ____

■ **時期의 읽기에 대해서 알아보자.**

一昨日(おととい)	先々週(せんせんしゅう)	先々月(せんせんげつ)	一昨年(おととし)
昨日(きのう)	先週(せんしゅう)	先月(せんげつ)	去年(きょねん)
今日(きょう) 오늘	今週(こんしゅう) 금주	今月(こんげつ) 이달	今年(ことし) 금년
明日(あした)	来週(らいしゅう)	来月(らいげつ)	来年(らいねん)

- 「に」를 붙여 사용하는 것 (年、月、日、時)

  ３月に日本に行きます。

- 「に」를 붙일 수 없는 것 (昔、朝、夜、今、昼)

  このごろ朝(あさ)はさむいです。

■ **「～ましょうか」와 「～ませんか」의 표현**

(1) **～ましょうか** : 자기의 권유에 대해서 상대방의 의견을 묻는 말로,「～ませんか」보다 정중한 표현.

  さあ、そろそろ 行きましょうか。 자, 그럼 가실까요?

(2) **～ませんか** : 상대방의 의사를 타진하며 yes인지 no인지를 알고 싶은 경우이며, 윗사람에게는
   적절하지 않고 가깝게 친근감을 느끼는 상대에게 사용하는 말이다.

  チケットが2枚(まい)ありますが、 いっしょに行きませんか。 표가 2장 있는데 함께 가실래요?

| 일본문화 이해하기 |

✳ 일본에서 기본적으로 알아두면 편리한 정보가 있다. 다음을 잘 알아둡시다.

110 　경찰서 (ひゃくとおばん)
119 　화재, 구조
116 　전화신설이전
113 　전화고장
104 　전화번호안내
177 　일기예보
117 　시간안내
106 　콜렉트콜
0120-44-5124 　국제전화 신청

✳ 일본에서 숫자 읽는 법이나 년도를 알기 쉽게 풀어쓴 표현은 다양하다.

39	サンキュー	감사
4649	よろしく	감사
1126	いいふろ	목욕탕
3764874	みな　むしば　なし	치과의사
1492	意欲(いよく)に燃えたコロンブス	콜럼버스가 미대륙을 발견한 해를 기억하기 위한 말

일본의 대표적인 음식

대표적인 일본음식을 꼽으라면 뭐니 뭐니 해도 초밥, 사시미, 샤부샤부. 소바를 들 수 있답니다. 나베모노(なべもの)라는 것은 냄비에 여러 재료를 넣고 국물에 끓인 것인데, 대표적으로 샤부샤부(しゃぶしゃぶ)가 있어요. 샤부샤부는 우리나라에서도 인기 있는 음식이지요.

얇게 썬 쇠고기를 끓는 국물 속에 넣어 가볍게 익히는데 이때 나는 소리를 나타내는 의성어인 '샤부샤부'를 이름으로 붙인 것이라 합니다.

고기를 끓는 물속에서 익히므로 고기 속의 지방질도 쏘옥 빠져서 아주 담백하고 맛있게 먹을 수가 있고, 고기 외에 배추, 쑥갓, 버섯 같은 야채나 곤약 등도 같이 먹기 때문에 영양면으로도 좋은 음식이라 할 수 있지요.

▲ しゃぶしゃぶ

▲ すし

가장 대표적인 일본음식은 초밥(すし) 인데 일본 어디를 가더라도 회전 초밥집을 쉽게 발견할 수 있어요. 정식 초밥 집은 아주 비싸지만 회전 초밥집은 그다지 비싸지 않답니다. 초밥은 생선이나 조개류와 계란·야채 등의 날것이나 조리한 것을 섞어 밥 속에 넣거나 얹어서 만 것으로, 일본에서는 보통 젓가락을 사용하지 않고 손으로 집어 간장에 찍어 먹는대요.

그리고 일본의 일품요리를 대표하는 것이 회(さしみ)인 건 다들 아시지요? 일본은 일찍부터 생선 먹는 방법이 발달해서 계절, 생선의 맛이나 촉감에 따라 다양한 요리가 등장하지요. 회에 쓰이는 재료도 무수히 많고, 재료에 따라 써는 방법도 여러 가지여서 「사시미文化」라는 말이 생겼을 정도이에요. 약간 다른 점이 있다면 회를 떠서 바로 먹는 우리와는 달리 일본은 몇 시간 숙성시켜 먹는다고 하네요.

▲ 天ぷら

그 외에 덴푸라는 해산물과 야채튀김 등의 재료를 계란을 섞은 밀가루 반죽에 묻혀 식용유에 튀겨낸 음식이에요. 국은 맑은 장국과 된장을 풀어 끓인 탁한 국으로 나눌 수 있는데, 일본에서는 국을 젓가락으로 가볍게 저어 그릇을 입에 대고 마시면서 가끔 내용물을 젓가락으로 건져 먹기도 하지요.

恵理ちゃんへの手紙

恵理ちゃんへ

　お元気ですか。私は元気です。そちらはもう寒くなりました
か。韓国の冬は日本より寒いですよ。

　私は先週の日曜日、クラスメートと一緒に鎌倉へ行きました。
初めて大仏も見ました。

　とても大きくてびっくりしました。そのあと、横浜の中華街へ
行きました。そこで大きな中華まんを食べました。とてもおいし
かったです。

　今日は、クラスメートのカリーヌさんと浅草で買い物をしまし
た。浅草はとてもにぎやかでした。カリーヌさんは、こけしとい
う人形と和紙のすばらしいカレンダーを買いました。

　私も、かわいいしおりを買いました。恵理ちゃんにひとつ送り
ます。

여기서는 동사의 시제를 공부합니다. 「～ます」의 과거형은 「～ました」, 「～ません」의 과거형은
「～ませんでした」의 형태로 나타납니다. 그리고 「～という」의 문형을 배웁니다.

鎌倉へ行きます
　　行きました
　　行きません
　　行きませんでした

(1)　A：昨日は、何をしましたか。
　　　　　きのう

　　　B：家族と一緒に山登りをしました。
　　　　　か ぞく　　　　　やま のぼ

(2)　A：これは何ですか。

　　　B：これは、「タル」という韓国のお面です。
　　　　　　　　　　　　　　　　　　　　めん

手紙(てがみ)	元気(げんき)だ	寒(さむ)い	冬(ふゆ)
先週(せんしゅう)	鎌倉(かまくら)	初(はじ)めて	大仏(だいぶつ)
大(おお)きな	横浜(よこはま)	中華街(ちゅうかがい)	今日(きょう)
人形(にんぎょう)	和紙(わし)	買(か)う	送(おく)る
山登(やまのぼ)り	お面(めん)		

① 恵理ちゃんへ

▶ 「へ」는 방향을 나타내는 조사로서 「〜에」,「〜(으)로」의 뜻을 나타내지만, 편지 등에서 사람을 가리키는 말 앞에 오면 「〜에게」의 뜻을 나타낸다. (14과 본문해설 참조)

② そちらはもう寒くなりましたか。

- そちら : 그쪽. 거기
- もう : 이제, 벌써, 이미
- 寒(さむ)くなりました : 추워졌습니다

このあたりは、ずいぶんにぎやかになりました。

顔(かお)が赤(あか)くなりました。

③ 韓国の冬は日本より寒いですよ。

- 冬(ふゆ) : 겨울
- 〜より : 〜보다 〈명사에 접속〉

日本の夏(なつ)は韓国より暑(あつ)いです。

富士山(ふじさん)はハルラ山より高(たか)いです。

④ 私は先週の日曜日、クラスメートと一緒に鎌倉へ行きました。

- 先週(せんしゅう) : 지난주
- クラスメート : class mate, 클래스메이트, 동급생
- 鎌倉(かまくら) : 가마쿠라 ≪地名≫

昨日(きのう)の夜(よる)、友達(ともだち)とお酒(さけ)を飲みました。

彼女(かのじょ)と一緒(いっしょ)に映画(えいが)を見に行きました。

⑤ 初めて大仏も見ました。

- 初(はじ)めて：처음
- 大仏(だいぶつ)：대불, 큰 仏像

夕(ゆう)べ、彼女と映画を見ました。

彼(かれ)は、先週(せんしゅう)アメリカへ行きました。

⑥ とても大きくてびっくりしました。

- とても：상당히, 대단히, 아주
- 大(おお)きくて：크고, 커서
- びっくりしました：깜짝 놀랐습니다 ≪동사≫

とても物価(ぶっか)が高くてびっくりしました。

とても寒くてたいへんでした。

⑦ そのあと、横浜の中華街へ行きました。

- そのあと：그 후, 그 뒤 (시간적인 면에서)
- 横浜(よこはま)：요코하마 ≪地名≫
- 中華街(ちゅうかがい)：중화거리 (중국풍의 거리)

銀座(ぎんざ)の商店街(しょうてんがい)

新宿(しんじゅく)の地下街(ちかがい)

8 そこで大きな中華まんを食べました。とてもおいしかったです。

- そこで : 그곳에서 ≪「そこ(그곳. 거기) + で」의 형태≫
- 大(おお)きな〜 : 큰~
- おいしかったです : 맛있었습니다. ≪い형용사≫

昨日(きのう)はさむかったです。

映画はおもしろかったです。

9 今日は、クラスメートのカリーヌさんと浅草で買い物をしました。

- 今日(きょう) : 오늘
- クラスメートのカリーヌさん : 클래스메이트인 카린느 씨

クラスメートの山田さんです。

高校(こうこう)の友達です。

10 浅草はとてもにぎやかでした。

昨日(きのう)はしずかでした。

若(わか)い頃(ころ)は元気でした。

⑪ カリーヌさんは、こけしという人形と和紙のすばらしいカレンダーを買いました。

- こけし : 목각인형
- 〜という : 〜라고 (말)한다
- 人形(にんぎょう) : 인형
- 和紙(わし) : 일본 특유의 종이
- すばらしい : 훌륭하다, 멋지다 ≪い형용사≫
- カレンダー : 캘린더(calendar), 달력
- 買(か)いました : 샀습니다 ≪동사원형 : 買う≫

加藤(かとう)という友達

おこしというお菓子(かし)

⑫ 私も、かわいいしおりを買いました。恵理ちゃんにひとつ送ります。

- かわいい : 귀엽다 ≪い형용사≫
- しおり : 책갈피
- 送(おく)ります : 보내겠습니다 ≪동사원형 : 送る≫

安(やす)いかばんを買(か)いました。

おもしろい映画を見ました。

1. 다음을 보기와 같이 고치세요.

> 보기▶ たべる → たべます → たべました

① あそぶ → _______________　② おわる → _______________

③ わかる → _______________　④ あるく → _______________

⑤ けす → _______________　⑥ ならぶ → _______________

⑦ はいる → _______________　⑧ やすむ → _______________

2. 다음을 보기와 같이 고치세요.

> 보기▶ しおりといいます。(もの) → しおりという<u>もの</u>です。

① こけしといいます。(人形)

　→ _______________________________

② 大仏(だいぶつ)といいます。(ぶつぞう)

　→ _______________________________

③ 中華街(ちゅうかがい)といいます。(まち)

　→ _______________________________

④ 田中さんといいます。(友達)

　→ _______________________________

1. 다음 밑줄 친 단어를 다른 말로 바꾸어 말해보세요.

> A : <u>お昼(ひる)</u>は?
> B : もう<u>食べました</u>よ。
> A : <u>お茶も飲みましたか</u>。
> B : いいえ、まだです。

① 田中(たなか)さん、　　来る、　　中村(なかむら)さんも来る

② コーヒー、　　　　　飲む、　　お酒も飲む

③ ひろむ君、　　　　　行く、　　すすむ君(きみ)も行く

④ 宿題(しゅくだい)、　　する、　　レポートも書く

2. 조사 「を」, 「は」, 「も」의 사용과 「ました」, 「ませんでした」의 사용을, 다음 대화의 밑줄 친 곳을 바꾸어 말하는 연습을 하세요.

> よみました / ざっし / しんぶん
>
> A : ゆうべなにか<u>よみました</u>か。
> B : <u>ざっし</u>を<u>よみました</u>。
> A : <u>しんぶん</u>も<u>よみました</u>か。
> B : いいえ、<u>しんぶん</u>は<u>よみませんでした</u>。

① みる / テレビ / えいが

② のむ / コーヒー / おさけ

③ する / せんたく / そうじ

④ たべる / パン / ごはん

3. 다음을 보기와 같이 바꾸어 말해보세요.

> 보기 ▶ 中華まん、ギョーザ → 中華まんというギョーザ

① せんべい、日本のお菓子(かし)

→ ____

② スジョンガ、韓国の飲(の)み物(もの)

→ ____

③ ヨンジュン、友達

→ ____

④「冬のソナタ」、映画(えいが)

→ ____

1. 녹음된 내용을 듣고 (　) 안의 말을 받아쓰세요.

① (　　　　　　　　) 日本より 寒いですよ。

② クラスメートと (　　　　　) 鎌倉(かまくら)へ行きました。

③ とても大きくて (　　　　　　　　　　　　)。

④ こけしという (　　　　　　) と和紙(わし)のすばらしい (　　　　　　　　) を買い
ました。

⑤ かわいいしおりを買いました。恵理ちゃんに (　　　　　　　　　　　　　　)。

2. 녹음된 내용을 듣고 질문에 답변해 보십시오.

① ソラさんは今日、何をしましたか。

　→ ____

② ソラさんは、浅草(あさくさ)で何を買いましたか。

　→ ____

■ 「～ません」의 과거 형태는 「～ませんでした」가 되지만, 우리말에 「(아직) ～지 않았습니다」의 뜻을 나타내는 데에는, 「～ていません」의 형태를 사용한다.
즉, 우리말에서 「아직」이라는 표현이 나타나는 경우에는 「～ませんでした」의 형태가 아닌 「～ていません」의 형태로 나타내는 것이다.

(1) a : 彼は来ましたか。 그 사람 왔습니까?

    b : いいえ、まだ来ていません。 아뇨, 아직 오지 않았습니다.

(2) a : 昨日のパーティーに彼は来ましたか。 어제 파티에 그 사람은 왔습니까?

    b : いいえ、来ませんでした。 아뇨, 오지 않았습니다.

가부키와 노

가부키(歌舞伎)는 17세기에 시작된 일본의 대표적인 서민 연극입니다. 국제적으로도 가부키 특유의 무대, 배우의 독특한 화장술, 여자배우가 없고 남자배우만으로 연기되는 점 등으로 주목을 받아 왔지요.

원래 가부키란 용어는, 보통과 다른 이상하고 화려한 언동이나 차림, 혹은 호색적인 동작을 하는 것을 뜻하는 「傾(かぶ)く」라는 동사에서 나온 것입니다.

1600년을 전후하여 여성중심의 극단이 생겨나서 전국적으로 유행했는데, 이것이 매춘과 풍기문란을 야기하자 막부는 여성들의 가부키공연을 금지하였답니다.

여자배우의 출연이 금지되자 남자배우가 여자역을 전문으로 하는 온나가다(女形)라 부르는 배우가 나타나게 되었던 것이지요. 막부의 승인 이후에 가부키 전용극장이 생겨나고, 겐로쿠(元禄)시대의 대작가인 지카마쓰몬자에몽(近松門左衛門)이 나타나 의리와 인정 사이의 비극이라는 근세적인 전형을 확립하게 되었답니다.

노(能)는 일본의 가장 오래된 전통극이라고도 할 수 있는데, 일본에서 가장 오래된 무대예술의 일종으로 600년이 넘는 역사를 자랑하는 가면극이에요.

14세기경 당대 예능계의 일인자였던 간아미(観阿弥)가 고대 말부터 민간예능으로 행해져온 사루가쿠(猿楽)를 원류로 하고, 다른 예능의 장점을 흡수해서 세련되고 예술성 있는 가무극인 노를 만들어 냈습니다.

小包を送りたいです。
こ づつみ　おく

▶ 김소라는 우체국에서 소포를 부친다.

ソラ　　すみません。

局員　　はい。なんですか。
きょくいん

ソラ　　韓国に小包を送りたいです。

局員　　そうですか。では、こちらに送り先の住所と名前と連絡先、
きょくいん　　　　　　　　　　　　　　おく　さき　じゅうしょ　な まえ　れんらくさき

　　　　それから送り主の住所と名前と連絡先をお願いします。
　　　　　　　おく　ぬし　　　　　　　　　　　　　　　　　　ねが

ソラ　　はい。送り先はハングルでいいですか。

「～で いい(～으로 좋다)」라는 문형과 でもかまいません을 배웁니다.
그리고 연용형에 「たい」를 접속하여 「～(하)고 싶다」의 뜻을 나타내는 문형도 다시 한 번 복습하게 됩니다.

ハングルでいいですか。

局員　はい。ハングルでも構いません。
きょくいん

　　　　航空便でいいですか。
　　　　こうくうびん

ソラ　いいえ、船便でお願いします。
　　　　　　　ふなびん　　ねが

局員　じゃ、こちらにサインをお願いします。
きょくいん

(1) A : すみません。この手紙を韓国に送りたいです。
　　　　　　　　　てがみ

　　 B : はい、90円です。

(2) A : サインをお願いします。

　　 B : はい。ここでいいですか。

小包(こづつみ)	送(おく)る	送(おく)り先(さき)	住所(じゅうしょ)
名前(なまえ)	連絡先(れんらくさき)	送(おく)り主(ぬし)	構(かま)いません
航空便(こうくうびん)	船便(ふなびん)	お願(ねが)い	手紙(てがみ)

❶ すみません。

여기서는 김소라가 우체국 직원에게 말을 거는 장면에서 사용되었다.

❷ はい。なんですか。

직역하면 「네, 무엇입니까?」의 뜻이 되지만, 「네, 무슨 일로 오셨죠?」에 해당되는 말로 사용되었다.

❸ 韓国に小包を送りたいです。

> ・小包(こづつみ) : 소포
> ・送(おく)りたい : 보내고 싶다 (→送(おく)る)

韓国に電話(でんわ)をしたいです。

今日(きょう)はお酒が飲みたいです。

**❹ では、こちらに送り先の住所と名前と連絡先、それから送り主の住所と
名前と連絡先をお願いします。**

> ・送(おく)り先(さき) : 보내는 곳
> ・名前(なまえ) : 이름
> ・送(おく)り主(ぬし) : 보내는 사람
> ・住所(じゅうしょ) : 주소
> ・それから : 그리고 《접속사》

名前と学籍番号(がくせきばんごう)をお願(ねが)いします。

野菜(やさい)と肉(にく)をお願いします。

5 はい。送り先はハングルでいいですか。

これでいいですか。

日本語(にほんご)でいいですか。

6 はい。ハングルでも構いません。

- ～でも：～라도
- 構(かま)いません：상관없습니다

ローマ字(じ)でも構いません。

あしたでも構いません。

7 航空便でいいですか。

- 航空便(こうくうびん)で：항공편으로

船便(ふなびん)でいいですか。

EMS でいいですか。

※「EMS」는 우체국을 이용한 특급우편을 말한다.

8 いいえ、船便でお願いします。

これでお願いします。

一万円(いちまんえん)でお願いします。

9 じゃ、こちらにサインをお願いします。

- サイン：사인

1. 보기의 단어를 사용하여 예문과 같이 읽는 연습을 해 보세요.

> 보기 ▶ きく → ききません

① ならう　　→ _______________________________

② のる　　　→ _______________________________

③ もつ　　　→ _______________________________

④ よむ　　　→ _______________________________

⑤ ならぶ　　→ _______________________________

⑥ なおす　　→ _______________________________

⑦ おきる　　→ _______________________________

⑧ でる　　　→ _______________________________

⑨ はいる　　→ _______________________________

⑩ いく　　　→ _______________________________

⑪ する　　　→ _______________________________

⑫ くる　　　→ _______________________________

> 보기 ▶ 雨(あめ)がふる / 今日は休む → 雨がふりますから、今日は休みたいです。

① よくわかりません。/ もう一度(いちど)きく。

→ ____

② 明日(あした)は試験(しけん)があります。/ 今日は勉強(べんきょう)する。

→ ____

③ 寒(さむ)いです。/ 窓(まど)をしめる。

→ ____

④ 試験が始(はじ)まります。/ 勉強する

→ ____

⑤ お酒(さけ)をのみました。/ 早く帰(かえ)る。

→ ____

⑥ だれもいません。/ はいる

→ ____

1. 다음 보기와 같이 말하는 연습을 하세요.

> 보기▶ ハングルでいいですか。　ええ、ハングルでも構いません。

① 支払(しはら)いは明日でいいですか。

　→ _______________________________________

② 署名(しょめい)はローマ字(じ)でいいですか。

　→ _______________________________________

③ 名前(なまえ)は漢字(かんじ)でいいですか。

　→ _______________________________________

④ 料金(りょうきん)はカードでいいですか。

　→ _______________________________________

2. 다음 대화의 밑줄 친 곳을 보기의 단어로 바꾸어 말하는 연습을 하세요.

> A : <u>コーヒー</u>でよろしいですか。
> B : いいえ、<u>紅茶</u>でお願いします。

① これ、それ　　　　　　　② ビビンパプ、カルビタン

③ 航空便(こうくうびん)、船便(ふなびん)　　　④ 一緒、別々

⑤ あした、あさって　　　　⑥ 四つ、三つ

1. 녹음된 것을 듣고 (　　)안의 말이 무엇인지를 받아쓰십시오.

　① 彼女にプレゼントを (　　　　　) です。

　② 住所と名前と (　　　　　) をお願いします。

　③ (　　　　　) でお願いします。

　④ 小包を (　　　　　) で送るつもりです。

2. 녹음된 내용을 듣고 다음 질문에 답변하세요.

　① 表(おもて)には何を書きますか。

　　→ ____

　② 小包(こづつみ)は航空便で送りますか。

　　→ ____

ごめんください
남의 집에 가는 경우, 현관 앞 등에서 집안에 있는 사람을 부르는 소리로 「실례합니다. / 계십니까?」 등에 해당.

おじゃまします
주인이 들어올 것을 권유할 경우, 들어가면서 하는 말. 「실례합니다.」 등에 해당.

おかまいなく
상대가 이것저것 세심하게 배려해 주는 경우, 이에 대응하는 말로서 '이제 그렇게 해주시지 않아도 좋다'고 하는 뜻으로 「괜찮습니다」에 해당하는 말.

つまらないものですが
상대에게 조그만 선물을 하면서 하는 말로 「약소합니다만…」에 해당.

どうも、すみません
상대에게 선물을 받으면서 하는 말로 「미안하군요, 고맙습니다」에 해당.

失礼しました・おじゃましました
이제 그만 돌아가겠다는 뜻으로 「실례가 많았습니다」에 해당.

～によろしく
주인의 집을 나오면서 그 자리에 없는 사람에게 전달해 달라고 하는 「～에게 안부 전해주세요」에 해당.

 일본인은 세계에서도 보기 드문 미소의 나라의 국민이다.
기본적으로 학교에서나 직장에서는 반드시 인사는
「おあしす」가 중요하다고 교육을 받는다.

おあしす란?

おはようございます。
ありがとうございます。
しつれいします。
すみません。

| 일본문화 이해하기 |

일본에서는 옛날부터 세상에서 가장 무서운 것이 4가지 있다고 한다.
じしん(지진), かみなり(천둥), かじ(불), おやじ(아버지)이다. 1923년 관동대지진 그리고 72년 후에 나타난 고베대지진에서 알 수 있듯이 지진이 일어나면 화재도 함께 발생하기 때문이다. 천둥은 어느 나라든지 무서운 것 중에 하나이다. 옛날에는 아버지가 그렇게 무서운 존재였으나 지금은 우리나라나 일본에서도 그다지 무섭지 않은 것 중에 하나가 아닐까 생각된다.

부록

1. 시간 표현 1

	日(날)	週(주)	月(달)	年(해)
과거	おととい (그저께)	先々週(지지난 주)	先々月(지지난 달)	一昨年 (재작년)
	昨日 (어제)	先週 (지난 주)	先月 (지난 달)	去年、昨年 (작년)
현재	今日 (오늘)	今週 (이번 주)	今月 (이번 달)	今年 (올해)
미래	明日 (내일)	来週(다음 주)	来月 (다음 달)	来年 (내년)
	あさって (모레)	再来週 (다다음 주)	再来月 (다다음 달)	再来年 (내후년)
매~	毎日 (매일)	毎週 (매주)	毎月 (매월)	毎年(매년)

2. 시간 표현 2

	月(월)	か(ヶ)月(개월)	年(년)
1(いち)	いちがつ	いっかげつ	いちねん
2(に)	にがつ	にかげつ	にねん
3(さん)	さんがつ	さんかげつ	さんねん
4(し・よ・よん)	しがつ	よんかげつ	よねん
5(ご)	ごがつ	ごかげつ	ごねん
6(ろく)	ろくがつ	ろっかげつ	ろくねん
7(しち・なな)	しちがつ	ななかげつ	ななねん(しちねん)
8(はち)	はちがつ	はっかげつ （はちかげつ）	はちねん
9(きゅう・く)	くがつ	きゅうかげつ	きゅうねん
10(じゅう)	じゅうがつ	じゅっかげつ （じっかげつ）	じゅうねん
何	なんがつ	なんかげつ	なんねん

3. 시간 표현 3

	時(시)		分(분)	秒(초)
1時	いちじ	1	いっぷん	いちびょう
2時	にじ	2	にふん	にびょう
3時	さんじ	3	さんぷん	さんびょう
4時	よじ	4	よんぷん	よんびょう
5時	ごじ	5	ごふん	ごびょう
6時	ろくじ	6	ろっぷん	ろくびょう
7時	しちじ	7	なな、しちふん	なな、しちびょう
8時	はちじ	8	はっぷん、はちふん	はちびょう
9時	くじ	9	きゅうふん	きゅうびょう
10時	じゅうじ	10	じ(ゅ)っぷん	じゅうびょう
11時	じゅういちじ	15	じゅうごふん	じゅうごびょう
12時	じゅうにじ	20	にじ(ゅ)っぷん	にじゅうびょう
何時	なんじ	25	にじゅうごふん	にじゅうごびょう
		30	さんじ(ゅ)っぷん	さんじゅうびょう
		35	さんじゅうごふん	さんじゅうごびょう
		40	よんじ(ゅ)っぷん	よんじゅうびょう
		45	よんじゅうごふん	よんじゅうごびょう
		50	ごじ(ゅ)っぷん	ごじゅうびょう
		55	ごじゅうごふん	ごじゅうごびょう
		60	ろくじ(ゅ)っぷん	ろくじゅうびょう
		何	なんぷん	なんびょう

4. 수사 관련

(1) 기본숫자 읽기

0	ゼロ、れい	90	きゅうじゅう
1	いち	100	ひゃく
2	に	200	にひゃく
3	さん	300	さんびゃく
4	よん、し	400	よんひゃく
5	ご	500	ごひゃく
6	ろく	600	ろっぴゃく
7	なな、しち	700	ななひゃく
8	はち	800	はっぴゃく
9	きゅう、く	900	きゅうひゃく
10	じゅう	1,000	せん
11	じゅういち	2,000	にせん
12	じゅうに	3,000	さんぜん
13	じゅうさん	4,000	よんせん
14	じゅうよん、じゅうし	5,000	ごせん
15	じゅうご	6,000	ろくせん
16	じゅうろく	7,000	ななせん
17	じゅうなな、じゅうしち	8,000	はっせん
18	じゅうはち	9,000	きゅうせん
19	じゅうきゅう、じゅうく	10,000	いちまん
20	にじゅう	100,000	じゅうまん
30	さんじゅう	1,000,000	ひゃくまん
40	よんじゅう、しじゅう	10,000,000	いっせんまん
50	ごじゅう	100,000,000	いちおく
60	ろくじゅう		
70	ななじゅう、しちじゅう		
80	はちじゅう		

(2) 사물을 셀 때

一つ（ひとつ） 하나	二つ（ふたつ） 둘	三つ（みっつ） 셋
四つ（よっつ） 넷	五つ（いつつ） 다섯	六つ（むっつ） 여섯
七つ（ななつ） 일곱	八つ（やっつ） 여덟	九つ（ここのつ） 아홉
十（とお） 열	いくつ 몇 개	

(3) 사람을 셀 때

一人（ひとり）한 명	二人（ふたり）두 명	三人（さんにん）세 명
四人（よにん）네 명	五人（ごにん）다섯 명	六人（ろくにん）여섯 명
七人（しち・ななにん）일곱 명	八人（はちにん）여덟 명	九人（きゅうにん）아홉 명
十人（じゅうにん）열 명		

(4) 월

1月（いちがつ） 1월	2月（にがつ） 2월	3月（さんがつ） 3월
4月（しがつ） 4월	5月（ごがつ） 5월	6月（ろくがつ） 6월
7月（しち・ななかつ） 7월	8月（はちがつ） 8월	9月（くがつ） 9월
10月（じゅうがつ） 10월	11月（じゅういちがつ） 11월	12月（じゅうにがつ） 12월

(5) 날짜

一日（ついたち） 1일	二日（ふつか） 2일	三日（みっか） 3일
四日（よっか） 4일	五日（いつか） 5일	六日（むいか） 6일
七日（なのか） 7일	八日（ようか） 8일	九日（ここのか） 9일
十日（とおか） 10일	十一日（じゅういちにち） 11일	十四日（じゅうよっか） 14일
二十日（はつか） 20일	二十四日（にじゅうよっか） 24일	三十日（さんじゅうにち） 30일

5. 분야별 단어정리

(1) 職業(しょくぎょう)직업

歌手(かしゅ 가수)	芸能人(げいのうじん 연예인)
小説家(しょうせつか 소설가)	漫画家(まんがか 만화가)
俳優(はいゆう 배우)	女優(じょゆう 여배우)
専業主婦(せんぎょうしゅふ 전업주부)	教師(きょうし 교사)
公務員(こうむいん 공무원)	医者(いしゃ 의사)
会社員(かいしゃいん 회사원)	弁護士(べんごし 변호사)
自営業(じえいぎょう 자영업)	フリーター(프리타)
プログラマー(프로그래머)	エンジニア(엔지니어)
コック　(요리사)	デザイナー(디자이너)
パイロット(조종사)	スチュワーデス(스튜어디스)
サラリーマン(샐러리맨)	ジャーナリスト(저널리스트)

(2) 趣味(しゅみ)취미

写真(しゃしん:사진)	書道(しょどう: 서예)
生け花(いけばな:꽃꽂이)	山登り(やまのぼり:등산)
さかな釣(つ)り(낚시)	旅行(りょこう:여행)
スポーツ観戦(かんせん)스포츠관람	ドライブ(드라이브)
絵(え)を描(か)くこと(그림 그리기)	レコードを聞(き)くこと(음악 감상)
映画鑑賞(えいがかんしょう영화 감상)	ガーデニング(정원 손질)
カラオケ(가라오케)	ピアノ(バイオリン、ギター)を引くこと
ゲーム(게임)	(피아노, 바이올린, 기타치기)

⑶ スポーツ 스포츠

野球(やきゅう) 야구　　　　　　剣道(けんどう) 검도

合気道(あいきどう) 합기도　　　空手(からて) 공수도

柔道(じゅうどう) 유도　　　　　すもう 스모

水泳(すいえい) 수영　　　　　　ピンポン 탁구

スキー 스키　　　　　　　　　　ゴルフ 골프

テニス 테니스　　　　　　　　　サッカー 축구

バレーボール 배구　　　　　　　バスケットボール 농구

ボーリング 볼링　　　　　　　　ゲートボール 게이트볼

⑷ 果物(くだもの) 과일

かき 감　　　　　りんご 사과　　　　　なし 배

くり 밤　　　　　うめ 매실　　　　　すいか 수박

さくらんぼ 버찌　　バナナ 바나나　　　ぶどう 포도

もも 복숭아　　　すもも 자두　　　　みかん 귤

パイナップル 파인애플　オレンジ 오렌지　　メロン 메론

レモン 레몬　　　キウイフルーツ 키위　ブルーベリー 블루베리

⑸ 食べ物(たべもの) 음식

うどん 우동　　そば 메밀국수　　すし 초밥　　回転(かいてん)ずし 회전초밥

さしみ 회　　なっとう 낫토　　てんぷら 튀김　　豚カツ 돈가스　　焼肉 불고기

やきとり 꼬치구이　　すきやき 전골　　しゃぶしゃぶ 샤브샤브

天どん 튀김덮밥　　牛どん 쇠고기 덮밥　　たぬきうどん 다누키우동

きつねうどん 기츠네우동　　親子どん 닭고기계란덮밥　　おかず 반찬

焼き魚 생선구이　　煮魚 생선조림　　おこのみやき 오코노미야키, 일본식 빈대떡

たいやき 붕어빵　　たこやき 다코야키　　おつまみ 안주　　するめ 말린 오징어
鶏唐揚げ 닭튀김　　チキン 치킨　　スパゲティ 스파게티　　ラーメン 라면
ホットドッグ 핫도그　　サンドイッチ 샌드위치　　カレー 카레　　冷麺 냉면
ビビンバ 비빔밥　　石焼ビビンバ 돌솥비빔밥　　食パン 식빵　　ジャム 잼
メニュー 메뉴　　今日のおすすめ 오늘의 추천요리　　定食 정식
ランチ 런치, 점심　　勘定 계산　　〜人前 〜인분　　おおもり 곱빼기
なみ 보통　　注文 주문　　持ち帰り 포장판매

(6) 飲み物 마실 것

焼酎 소주　　水割り 미즈와리　　ビール 맥주　　生ビール 생맥주　　日本酒 일본술
洋酒 양주　　ウーロン茶 우롱차　　緑茶 녹차　　紅茶 홍차　　ミルク 우유
コーヒー 커피　　ココア 코코아　　コーラ 콜라　　サイダー 사이다　　ジュース 주스
ワイン 와인

(7) 店 가게

文房具屋 문방구　　本屋 책가게　　果物屋 과일가게　　八百屋 야채가게
パン屋 빵가게　　肉屋 정육점　　すし屋 초밥집　　ラーメン屋 라면가게
薬屋 약국　　写真屋 사진가게　　花屋 꽃가게　　くつ屋 구두가게
タバコ屋 담배가게　　ピアノ教室 피아노학원　　100円ショップ 100 엔숍
フリーマーケット 벼룩시장　　デパート 백화점　　レストラン 레스토랑
スーパー 슈퍼　　リサイクルショップ 재활용가게
コンビニ(エンスストア) 편의점　　スポーツ用品店 스포츠용품점

⑻ **学生 학생**

学生(がくせい) 학생　　　　　大学院生(だいがくいんせい) 대학원생
大学生(だいがくせい) 대학생　　高校生(こうこうせい) 고등학생
短大生(たんだいせい) 단대생　　1年生(いちねんせい) 1 학년
2年生(にねんせい) 2 학년　　　3年生(さんねんせい) 3 학년
4年生(よねんせい) 4 학년

⑼ **専攻 전공**

国文学(こくぶんがく) 국문학　　日本学(にほんがく) 일본학
経営学(けいえいがく) 경영학　　経済学(けいざいがく) 경제학
英文学(えいぶんがく) 영문학　　教育学(きょういくがく) 교육학
法学(ほうがく) 법학　　　　　　行政学(ぎょうせいがく) 행정학
哲学(てつがく) 철학　　　　　　医学(いがく) 의학
歴史学(れきしがく) 역사학　　　建築学(けんちくがく) 건축학

⑽ **国家 국가**

アメリカ・米国(べいこく) 미국　ブラジル 브라질　　アフリカ 아프리카
オーストラリア 호주　　　　　　フランス 프랑스　　イギリス 영국
モンゴル 몽골　　　　　　　　　インド 인도　　　　カナダ 캐나다
メキシコ 멕시코　　　　　　　　スイス 스위스　　　ドイツ 독일
ロシア 러시아　　　　　　　　　イタリア 이탈리아　スペイン 스페인
トルコ 터키　　　　　　　　　　ベトナム 베트남　　マレーシア 말레이시아
フィリピン 필리핀　　　　　　　タイ 타이

⑾ 가족의 호칭

호칭	자기 가족을 남에게 말할 때	타인의 가족을 말할 때
할아버지	そふ	おじいさん
할머니	そぼ	おばあさん
부모	両親(りょうしん)	ご両親(りょうしん)
아버지	父(ちち)	お父(とう)さん
어머니	母(はは)	お母(かあ)さん
남편	主人(しゅじん)	ご主人(しゅじん)
부인	家内(かない)	奥(おく)さん
형·오빠	兄(あに)	お兄(にい)さん
언니·누나	姉(あね)	お姉(ねえ)さん
여동생	妹(いもうと)	妹(いもうと)さん
남동생	弟(おとうと)	弟(おとうと)さん

6. 많이 쓰이는 형용사

多(おお)い 많다	少(すく)ない 적다
広(ひろ)い 넓다	狭(せま)い 좁다
易(やさ)しい 쉽다	難(むずか)しい 어렵다
寒(さむ)い 춥다	暑(あつ)い 덥다
楽(たの)しい 즐겁다	寂(さび)しい 외롭다
嬉(うれ)しい 기쁘다	悲(かな)しい 슬프다
苦(くる)しい 괴롭다	痛(いた)い 아프다
熱(あつ)い 뜨겁다	冷(つめ)たい 차다
美味(おい)しい 맛있다	まずい 맛없다
辛(から)い 맵다	甘(あま)い 달다
深(ふか)い 깊다	浅(あさ)い 얕다

安(やす)い 싸다	高(たか)い 비싸다
近(ちか)い 가깝다	遠(とお)い 멀다
面白(おもしろ)い 재미있다	つまらない 재미없다
固(かた)い 단단하다	柔(やわら)かい 부드럽다
新(あたら)しい 새롭다	古(ふる)い 오래되다
強(つよ)い 강하다	弱(よわ)い 약하다
明(あか)るい 밝다	暗(くら)い 어둡다
若(わか)い 젊다	恥(はずか)しい 부끄럽다
可愛(かわい)い 귀엽다	厚(あつ)い 두껍다
涼(すず)しい 시원하다	暖(あたた)かい 따뜻하다
忙(いそが)しい 바쁘다	危(あぶ)ない 위험하다

7. 많이 쓰이는 형용동사

立派(りっぱ)だ 훌륭하다	不便(ふべん)だ 불편하다
素直(すなお)だ 순진하다	素敵(すてき)だ 멋지다
楽(らく)だ 편안하다	残念(ざんねん)だ 유감스럽다
元気(げんき)だ 건강하다	平気(へいき)だ 태연하다
大事(だいじ)だ 소중하다	大切(たいせつ)だ 소중하다
面倒(めんどう)だ 귀찮다	退屈(たいくつ)だ 심심하다
真面目(まじめ)だ 성실하다	豊(ゆた)かだ 풍부하다
賑(にぎや)かだ 번화하다	明(あき)らかだ 명백하다
幸(しあわ)せだ 행복하다	親切(しんせつ)だ 친절하다
暇(ひま)だ 한가하다	ハンサムだ 핸섬하다
シンプルだ 심플하다	ユニークだ 유니크하다

8. い(な)형용사활용

	기본형	です형 수식형	て형	ない형	た형
い형용사	たかい	たかいです たかい　山	たかくて	たかくない	たかかった
	よい (いい)	いい(よい)です いい　人	よくて	よくない	よかった
	たのしい	たのしいです たのしい　時間	たのしくて	たのしくない	たのしくなかった
	かわいい	かわいいです かわいい　子供	かわいくて	かわいくない	かわいかった
な형용사	きれいだ	きれいです きれいな　先生	きれいで	きれいでない	きれいだった
	上手だ	上手です 上手な　人	上手で	上手でない	上手だった
	立派だ	立派です 立派な　先生	立派で	立派でない	立派だった
	まじめだ	まじめです まじめな　人	まじめで	まじめでない	まじめだった
	親切だ	親切です 親切な　先生	親切で	親切でない	親切だった
	便利だ	便利です 便利な　交通	便利で	便利でない	便利だった
	民主的だ	民主的です 民主的な　国	民主的で	民主的でない	民主的だった
	ハンサムだ	ハンサムです ハンサムな人	ハンサムで	ハンサムでない	ハンサムだった

9. 동사활용

구분	기본형	ます형	て형	ば형	れる형	せる형	가능형
1류 동사	きく	гきます	きいて	きけば	きかれる	きかせる	きける
	※行く	行きます	行って	行けば	行かれる	行かせる	行ける
	およぐ	およぎます	およいで	およげば	およがれる	およがせる	およげる
	会う	会います	会って	会えば	会われる	会わせる	会える
	まつ	まちます	まって	まてば	またれる	またせる	まてる
	乗る	乗ります	乗って	乗れば	乗られる	乗らせる	乗れる
	読む	読みます	読んで	読めば	読まれる	読ませる	読める
	死ぬ	死にます	死んで	死ねば	死なれる	死なせる	死ねる
	飛ぶ	飛びます	飛んで	飛べば	飛ばれる	飛ばせる	飛べる
2류 동사	見る	見ます	見て	見れば	見られる	見させる	見られる
	食べる	食べます	食べて	食べれば	食べられる	食べさせる	食べられる
3류 동사	くる	きます	きて	くれば	こられる	こさせる	こられる
	する	します	して	すれば	される	させる	できる
	勉強する	勉強します	勉強して	勉強すれば	勉強される	勉強させる	勉強できる

저자

한·일 일본어교재개발연구위원회

이경수 한국방송통신대학교 일본학과 교수
조남성 한밭대학교 일본어과 교수
노명희 동국대학교 일어일문학과 교수
이재강 대전대학교 일어일문학과 교수
이범석 가톨릭대학교 일어일본문화전공
정진우 교재개발연구소장
하야카와요시하루(早川義春) 일본 페리스 죠가쿠인대학교수
사와베유우코(沢辺裕子) (前) 국제교류기금
미네자키토모코(峰崎知子) 한국방송통신대학교 교수

라이브인 일본어 입문1

저자 | 한·일 일본어교재개발연구위원회
초판 1쇄 발행 | 2005년 8월 1일
초판 5쇄 발행 | 2011년 3월 2일

발행인 | 박효상
영업책임 | 이종선, 이태호, 이전희
편집책임 | 임수진, 김지혜
표지·본문디자인 | 선영숙
그림 | 김문수
출판등록 | 제 10-1835호
발행처 | 사람in
주소 | 121-839 서울시 마포구 서교동 378-16 4F
전화 | 02) 338-3555(代)
팩스 | 02) 338-3545
E-mail | saramin@netsgo.com
Homepage | www.saramin.com

ISBN 89-89540-56-9 08730

ⓒ 이경수 2005

라이브인 일본어

입문 ❶

연습문제 정답 및
듣기문제 스크립트

LIVE IN JAPANESE

第4課

〔쓰기1〕

① ハジメマシテ　　　　② ドウゾヨロシク　　　　③ イラッシャイマシタ

④ コチラコソ　　　　　⑤ オネガイシマス

〔쓰기2〕

① ねが　　　　　　　　② きむらはじめ　　　　　③ きむらゆうこ

〔말하기1〕

① Ａ：はじめまして。　　Ｂ：わたしはやましたひろしです。　　Ａ：よろしくおねがいします。

② Ａ：はじめまして。　　Ｂ：わたしはたなかえりです。　　　Ａ：よろしくおねがいします。

③ Ａ：はじめまして。　　Ｂ：わたしはイキョンミです。　　　Ａ：よろしくおねがいします。

④ Ａ：はじめまして。　　Ｂ：わたしはキムミンスです。　　　Ａ：よろしくおねがいします。

〔말하기2〕

① やましたさん、よくいらっしゃいました。

② たなかさん、よくいらっしゃいました。

③ イさん、よくいらっしゃいました。

④ キムさん、よくいらっしゃいました。

〔말하기3〕

① Ａ：はじめまして。イヨンスです。よろしくおねがいします。

　 Ｂ：はじめまして。わたしはすずきよしおです。よろしく。

② Ａ：はじめまして。パクミンホです。よろしくおねがいします。

　 Ｂ：はじめまして。わたしはなかいたろうです。よろしく。

③ Ａ：はじめまして。アンヨンミです。よろしくおねがいします。

　 Ｂ：はじめまして。わたしはよしださちこです。よろしく。

④ Ａ：はじめまして。キムです。よろしくおねがいします。

　 Ｂ：はじめまして。わたしはおがわです。よろしく。

〔듣기1〕

① ソラさん、よく （いらっしゃいました）。　　② （はじめまして）。キムソラです。

③ これから（よろしく）おねがいします。　　　④（こちらこそ）、よろしくおねがいします。

〔듣기2〕

①：はい、そうです。　　　②：よろしくおねがいします。

・듣기 문제 스크립트・

聞き取り問題1

内容を聞いて(　　　)の中に適当な語句を書き入れましょう。

1番 そらさん、よくいらっしゃいました。

2番 はじめまして。キムソラです。

3番 これからよろしくおねがいします。

4番 こちらこそ、よろしくおねがいします。

聞き取り問題2

A：はじめまして。キムソラです。

B：はじめまして。きむらはじめです。

A：どうぞよろしくおねがいします。

B：こちらこそ、よろしくおねがいします。

第5課

〔쓰기1〕

① ああ、すみません。これはなんですか。

② ありがとうございます。わたしはかんこくのりがだいすきです。

③ それはかんこくのしんぶんです。

〔쓰기2〕

① わたし　　　　　　② かんこく　　　　　　③ だいす

〔말하기1〕

① はい、それはいすです。　　　② はい、それはつくえです。

③ はい、それはボールペンです。　　　④ はい、それはえんぴつです。

〔말하기 2〕

① A：あのう、それはなんですか。

　　B：これはキムチです。

② A：あのう、これはなんですか。

　　B：それはにほんのおかしです。

③ A：あのう、あれはなんですか。

　　B：あれはかんこくのにんぎょうです。

④ A：あのう、これはなんですか。

　　B：それはにほんのマンガです。

〔말하기 3〕

① A：それはなんですか。

　　B：これですか。

　　A：はい。

　　B：これはボールペンです。

② A：それはなんですか。

　　B：これですか。

　　A：はい。

　　B：これはにんぎょうです。

③ A：それはなんですか。

　　B：これですか。

　　A：はい。

　　B：これはシャーペンです。

④ A：それはなんですか。

　　B：これですか。

　　A：はい。

　　B：これはけしゴムです。

〔듣기 1〕

① (いただきます)。　　　　　② (つまらない) ものですが、どうぞ。

③ (ありがとうございます)。　④ わたしは (かんこくのり) がだいすきです。

〔듣기2〕

① かんこくのりです。　　　　　② はい、だいすきです。

・듣기 문제 스크립트・

聞き取り問題 1

1 番 いただきます。

2 番 つまらないものですが、どうぞ。

3 番 ありがとうございます。

4 番 わたしはかんこくのりがだいすきです。

聞き取り問題 2

かんこくのりは、ソラさんのおみやげです。

初さんは、かんこくのりがだいすきです。

第6課

〔쓰기1〕

① Ａ：リュウさんは会社員ですか。

　　Ｂ：いいえ、会社員じゃありません。公務員です。

② Ａ：リュウさんは大学生ですか。

　　Ｂ：いいえ、大学生じゃありません。会社員です。

③ Ａ：リュウさんは日本学科ですか。

　　Ｂ：いいえ、日本学科じゃありません。英文学科です。

〔쓰기2〕

① キムソラさんは、<u>かんこくじん</u>です。<u>いま</u>、<u>だいがくさんねんせい</u>です。

　<u>せんこう</u>はデザインです。

② リュウケンさんは、<u>ちゅうごくじん</u>です。リュウさんも<u>だいがくせい</u>です。

　<u>せんこう</u>は<u>けいざいがく</u>です。

〔말하기1〕

①　Ａ：山田さんは日本人ですか。

　　B：いいえ、日本人じゃありません。韓国人です。
②　A：山田さんは会社員ですか。
　　B：いいえ、会社員じゃありません。大学生です。
③　A：山田さんは韓国人ですか。
　　B：いいえ、韓国人じゃありません。日本人です。
④　A：山田さんは日本語の先生ですか。
　　B：いいえ、日本語の先生じゃありません。英語の先生です。

〔말하기2〕
① これはいもうとのケータイです。　　② これはおとうとのパソコンです。
③ これは田中さんのカメラです。　　④ これはせんせいのくるまです。

〔말하기3〕
① A：リュウさんの専攻はなんですか。
　 B：わたしの専攻は国文学です。
② A：リュウさんの専攻はなんですか。
　 B：わたしの専攻は日本学です。
③ A：リュウさんの専攻はなんですか。
　 B：わたしの専攻は経営学です。
④ A：リュウさんの専攻はなんですか。
　 B：わたしの専攻は歴史学です。
⑤ A：リュウさんの専攻はなんですか。
　 B：わたしの専攻は英文学です。
⑥ A：リュウさんの専攻はなんですか。
　 B：わたしの専攻はコンピューターです。

〔듣기1〕
① (はじめまして。) 私は、キムソラです。韓国人です。
② わたしは (ちゅうごくじん) です。
③ わたしは (だいがくせい) です。
④ いま (だいがくさんねんせい) です。
⑤ リュウさんの (せんこう) はなんですか。

〔듣기2〕

① デザインです。　　　　② 中国人です。

・듣기 문제 스크립트・

聞き取り問題1

1番 (はじめまして)。私は、キムソラです。韓国人です。

2番 わたしは(ちゅうごくじん)です。

3番 わたしは(だいがくせい)です。

4番 いま(だいがくさんねんせい)です。

5番 リュウさんの(せんこう)はなんですか。

聞き取り問題2

キムソラさんは、韓国人です。今、大学三年生です。専攻はデザインです。

リュウケンさんは、中国人です。リュウさんも大学生です。専攻は経済学です。

第7課

〔쓰기1〕

① でぃすかうんと　　　　② ショップ　　　　③ こんびに

④ のーと　　　　⑤ シャーペン

〔쓰기2〕(생략)

〔말하기1〕

① A：すみません。近くに、ほんやがありますか。

　 B：はい、あります。

② A：すみません。近くに、こうえんがありますか。

　 B：はい、あります。

③ A：すみません。近くに、がっこうがありますか。

　 B：はい、あります。

④ A：すみません。近くに、ゆうびんきょくがありますか。

　 B：はい、あります。

〔말하기2〕 （생략）

〔말하기3〕

① A：あの、このへんに本屋がありますか。

　　B：ええ、本屋はあそこの学校のうしろにあります。

　　A：あそこですね。ありがとうございます。

② A：あの、このへんに公園がありますか。

　　B：ええ、公園はあそこのコンビにのうしろにあります。

　　A：あそこですね。ありがとうございます。

③ A：あの、このへんに学校がありますか。

　　B：ええ、学校はあそこの郵便局のまえにあります。

　　A：あそこですね。ありがとうございます。

④ A：あの、このへんに郵便局がありますか。

　　B：ええ、郵便局はあそこの食堂のとなりにあります。

　　A：あそこですね。ありがとうございます。

〔듣기1〕

① このシャーペンは (300 えん) です。　　② このノートは (170 えん) です。

③ このほんは (3,800 ウォン) です。　　④ このマウスは (12 ドル) です。

〔듣기2〕

① コンビニのうしろにあります。　　② 170 円です。

・듣기 문제 스크립트・

聞き取り問題1

1番 このシャーペンは(300円)です。

2番 このノートは(170円)です。

3番 このほんは(3,800ウォン)です。

4番 このマウスは(12ドル)です。

聞き取り問題2

ソラさんの家の近くに、ディスカウントショップがあります。

そのディスカウントショップは、コンビニの後ろにあります。

ディスカウントショップのシャーペンは170円です。

第8課

〔쓰기 1〕

① せんせいがいます。せんせいがいません。

② せいとがいます。せいとがいません。

③ 友だちがいます。友だちがいません。

④ 田中さんがいます。田中さんがいません。

⑤ こどもがいます。こどもがいません。

⑥ お兄さんがいます。お兄さんがいません。

〔쓰기 2〕

질문 ⑴ (생략)

〔쓰기 3〕

질문 ⑵ (생략)

〔말하기 1〕

① いすのうえにあります。　　② つくえのなかにあります。

③ テーブルのしたにいます。　④ けんきゅうしつにいます。

〔말하기 2〕

① あねは東京にいます。あには大阪にいます。

② いもうとはアメリカにいます。あねはフランスにいます。

③ あねはカナダにいます。いもうとは中国にいます。

④ おとうとはイギリスにいます。あにはカナダにいます。

〔말하기 3〕

① A：田中さんはどこにいますか。

　 B：図書館にいます。

　 A：エリちゃんは？

　 B：エリちゃんはコンピューター室にいます。

② A：田中さんはどこにいますか。

　 B：きゅうけいしつにいます。

　　A：エリちゃんは？

　　B：エリちゃんはあのへやにいます。

③ A：田中さんはどこにいますか。

　　B：食堂にいます。

　　A：エリちゃんは？

　　B：エリちゃんはコーヒーショップにいます。

④ A：田中さんはどこにいますか。

　　B：寮にいます。

　　A：エリちゃんは？

　　B：エリちゃんは研究室にいます。

〔듣기1〕

① A：カリーヌさんは (きょうだい) がいますか。

　　B：はい、(いもうと) がふたりいます。

② これが (しゃしん) です。

③ わあ、(かわいい) ですね。

④ (シャーペン) がありますか。

〔듣기2〕

① いいえ、いません。　　　② 一人はフランスにいます。もう一人はアメリカにいます。

・듣기 문제 스크립트・

聞き取り問題1

1番 A：カリーヌさんは(きょうだい)がいますか。

　　　B：はい、(いもうと)がふたりいます。

2番 これが(しゃしん)です。

3番 わあ、(かわいい)ですね。

4番 (シャーペン)がありますか。

聞き取り問題2

ソラさんには、弟がいます。

カリーヌさんには、妹が二人います。

一人の妹はフランスにいます。もう一人の妹はアメリカにいます。

カリーヌさんの家には、猫もいます。名前はエムです。

第9課

〔쓰기1〕

① A：このみせはどうですか。

　　B：この町でいちばん新しい店です。

② A：こちらはどうですか。

　　B：いいですが、少し重いです。

③ A：これはどうですか。

　　B：おいしいですが、少し甘いです。

④ A：このほんはどうですか。

　　B：おもしろいですが、少し高いです。

〔쓰기2〕

① 재미있다　　　おもしろい　　　面白い
② 기쁘다　　　　うれしい　　　　嬉しい
③ 멀다　　　　　とおい　　　　　遠い
④ 어렵다　　　　むずかしい　　　難しい
⑤ 좋다　　　　　よい　　　　　　良い

〔말하기1〕

① たかいかばんですね。　　　　② おおきいつくえですね。
③ やすいくつですね。　　　　　④ おもしろい映画ですね。
⑤ むずかしい本ですね。　　　　⑥ おもいにもつですね。

〔말하기2〕

① A：キムさん、えいごのべんきょうはどうですか。

　　B：少しむずかしいですが、たのしいです。

② A：キムさん、がっこうのせいかつはどうですか。

　　B：少したいへんですが、おもしろいです。

③ A：キムさん、かんこくのキムチはどうですか。

　　B：少しからいですが、おいしいです。

④ A：キムさん、にほんのせいかつはどうですか。

　　B：少しいそがしいですが、たのしいです。

〔말하기3〕

① Ａ：がっこうはちかいですか。
　 Ｂ：いいえ、あまりちかくありません。
② Ａ：日本の冬はさむいですか。
　 Ｂ：いいえ、あまりさむくありません。
③ Ａ：そのかばんはたかいですか。
　 Ｂ：いいえ、あまりたかくありません。
④ Ａ：試験はむずかしいですか。
　 Ｂ：いいえ、あまりむずかしくありません。

〔듣기1〕

① それは (よかった) です。　　　　② まいにちとても (たのしい) です。
③ いえはあまり (とおくありません)。　　④ (むずかしい) ですが、おもしろいです。

〔듣기2〕

① とても楽しいです。　　　　② いいえ、あまり遠くありません。

・듣기 문제 스크립트・

聞き取り問題1
1番 それは(よかった)です。
2番 まいにちとても(たのしい)です。
3番 いえはあまり(とおくありません)。
4番 (むずかしい)ですが、おもしろいです。

聞き取り問題2
ソラさんは、日本語の勉?強が難しいですが、おもしろいといいます。
ソラさんの日本の生活は、毎日とても楽しいです。
ソラさんのホストファミリーもとてもいい人です。
日本語学校から家まではあまり遠くありません。

第10課

〔쓰기 1〕
① ソウルはとてもにぎやかなまちです。
② これはソウルのえはがきです。
③ とてもしずかなこうえんです。

〔쓰기 2〕
① マチ　　②クルマ　　③ヤケイ　　④イチバン　　⑤ユウメイ　　⑥ダイス

〔말하기 1〕
① りっぱな先生です。　　　　② 元気なこどもです。
③ きれいな花です。　　　　④ にぎやかなパーティーです。
⑤ 真面目な学生です。　　　　⑥ 便利な機械です。

〔말하기 2〕
① A：ソラさん、キムさんはどんな人ですか。
　 B：キムさんはとてもすてきな人です。
② A：ソラさん、パクさんはどんな人ですか。
　 B：パクさんはとてもハンサムな人です。
③ A：ソラさん、ジョンさんはどんな人ですか。
　 B：ジョンさんはとてもりっぱな人です。
④ A：ソラさん、イさんはどんな人ですか。
　 B：イさんはとてもきれいな人です。

〔말하기 3〕
① スポーツが好きです。　　　　② ピンポンが好きです。
③ にぎやかな町です。　　　　④ きれいな公園です。

〔듣기 1〕
① やまださんは (きれいな人) です。
② ここは日本で (ゆうめいな山) です。
③ イ先生はとても (ハンサムな方) です。

〔듣기2〕
① 漢江(ハンガン)です。　　② セーヌ川です。

・듣기 문제 스크립트・

聞き取り問題1
1番 やまださんは(きれいな人)です。
2番 ここは日本で(ゆうめいな山)です。
3番 イ先生はとても(ハンサムな方)です。

聞き取り問題2
ソウルは、にぎやかな町です。人も車も多いです。
漢江(ハンガン)はソウルで一番有名な川です。
漢江(ハンガン)の夜景はとてもきれいです。
セーヌ川は、パリの有名な川です。セーヌ川もとてもきれいです。
カリーヌさんはセーヌ川が大好きです。

第11課

〔쓰기1〕
① やさしくてまじめです。　　② とおくて不便です。
③ やすくておいしいです。　　④ しんせつでやさしいです。

〔쓰기2〕
① キムさんはハンサムでおもしろいです。
② ソウルの交通は便利でいいです。
③ ここはしずかでべんりです。
④ 山田さんはすてきでかっこいいです。

〔말하기1〕
① Ａ：このシャーペンはいくらですか。
　 Ｂ：そのシャーペンは5百円です。
② Ａ：このノートパソコンはいくらですか。

　　B：そのノートパソコンは12万円です。

③ A：このカメラはいくらですか。

　　B：そのカメラは47万ウォンです。

④ A：このカバンはいくらですか。

　　B：そのカバンは9ドルです。

〔말하기 2〕

① A：あの店はどうですか。

　　B：あまりやすくありません。

　　A：あ、そうですか。前はやすかったですが。

　　B：ええ、そうでしたね。

② A：あの店はどうですか。

　　B：あまりしんせつじゃありません。

　　A：あ、そうですか。前はしんせつでしたが。

　　B：ええ、そうでしたね。

③ A：あの店はどうですか。

　　B：あまりおいしくありません。

　　A：あ、そうですか。前はおいしかったですが。

　　B：ええ、そうでしたね。

④ A：あの店はどうですか。

　　B：あまりきれいじゃありません。

　　A：あ、そうですか。前はきれいでしたが。

　　B：ええ、そうでしたね。

〔말하기 3〕

① A：この食堂はやすいですね。

　　B：そうですね。やすくて、おいしいですね。

② A：このパンはおいしいですね。

　　B：そうですね。おいしくて、やすいですね。

③ A：この公園はひろいですね。

　　B：そうですね。ひろくて、しずかですね。

④ A：このおふろやさんはきれいですね。

　　B：そうですね。きれいで、ひろいですね。

〔듣기1〕

① このカメラはとても (やすくてかるい) です。　　② イ先生は (こわくてきびしい) です。

③ 韓国人は (おもしろくて親切) です。　　④ 交通は (遠くて不便) です。

〔듣기2〕

① １万９千円です。　　　② はい、あります。

・듣기 문제 스크립트・

聞き取り問題1

1番　このカメラはとても(やすくてかるい)です。

2番　イ先生は(こわくてきびしい)です。

3番　韓国人は(おもしろくて親切)です。

4番　交通は(遠くて不便)です。

聞き取り問題2

店に、一万九千円のデジカメがあります。安いデジカメです。

そのデジカメはズームがあります。

デザインもきれいでかわいいです。それにとても軽くて便利です。

第12課

〔쓰기1〕

① おいしくて、きれいで　　　　② あつくて、しずかで

③ うれしくて、まじめで　　　　④ いそがしくて、ひまで

⑤ たかくて、にぎやかで

〔쓰기2〕

① いいえ、やさしくありません。　　② いいえ、おもしろくありません。

③ いいえ、むずかしくありません。　　④ いいえ、寒くありません。

〔말하기1〕

① ハンサムな男性が好きです。　　　② やさしい女性が好きです。

③ おおきい車が好きです。　　　　　　④ まじめな人が好きです。

〔말하기2〕

① Ａ：パクさんはどんなタイプの女性が好きですか。
　　Ｂ：私は美人で、お金持ちの人が好きです。

② Ａ：パクさんはどんなタイプの女性が好きですか。
　　Ｂ：私は親切で、おもしろい人が好きです。

③ Ａ：パクさんはどんなタイプの女性が好きですか。
　　Ｂ：私はやさしくて、美人な人が好きです。

④ Ａ：パクさんはどんなタイプの女性が好きですか。
　　Ｂ：私はまじめで、やさしい人が好きです。

〔말하기3〕

① Ａ：すみません。このへんにいいパン屋はありませんか。
　　Ｂ：あります。駅の前においしくて、やすいパン屋がありますよ。
　　Ａ：あ、そうですか。ありがとうございます。
　　Ｂ：どういたしまして。

② Ａ：すみません。このへんにいい食堂はありませんか。
　　Ｂ：あります。駅の前にしんせつで、おいしい食堂がありますよ。
　　Ａ：あ、そうですか。ありがとうございます。
　　Ｂ：どういたしまして。

③ Ａ：すみません。このへんにいい公園はありませんか。
　　Ｂ：あります。駅の前にひろくて、しずかな公園がありますよ。
　　Ａ：あ、そうですか。ありがとうございます。
　　Ｂ：どういたしまして。

④ Ａ：すみません。このへんにいい銭湯はありませんか。
　　Ｂ：あります。駅の前にきれいで、ひろい銭湯がありますよ。
　　Ａ：あ、そうですか。ありがとうございます。
　　Ｂ：どういたしまして。

〔듣기1〕

① どんなタイプの（女性）が好きですか。
② 背が高くて、（性格の明るい人）が好きです。

③ 私は (ハンサムでお金持ち) が大好きです。

④ 性格は (親切で面白い人) がいいです。

〔듣기 2〕

① 背が高くて、性格の明るいタイプの男性が好きです。

② ソラさんです。

・듣기 문제 스크립트・

聞き取り問題 1

1番　どんなタイプの(女性)が好きですか。

2番　背が高くて、(性格の明るい人)が好きです。

3番　私は(ハンサムでお金持ち)が大好きです。

4番　性格は(親切で面白い人)がいいです。

聞き取り問題 2

カリーヌさんは、背が高くて、性格の明るいタイプの男性が好きです。

ソラさんは、ハンサムでお金持ちのタイプの男性が好きです。

性格は、親切でおもしろい人がいいです。

第13課

〔쓰기 1〕

① あつくなります　　　　② むずかしくなります

③ やわらかくなります　　④ しずかになります

⑤ げんきになります

〔쓰기 2〕

① 日本はもう秋になりました。

② とてもきれいになりました。

③ お金が必要になりました。

④ 物価がたかくなりました。

⑤ 日本語がだんだんむずかしくなりました。

〔말하기1〕

① Ａ：こちらは冬になりましたが、そちらはどうですか。

　　Ｂ：こちらも冬になりました。

② Ａ：こちらは春になりましたが、そちらはどうですか。

　　Ｂ：こちらも春になりました。

③ Ａ：こちらは寒くなりましたが、そちらはどうですか。

　　Ｂ：こちらも寒くなりました。

④ Ａ：こちらは暖かくなりましたが、そちらはどうですか。

　　Ｂ：こちらも暖かくなりました。

〔말하기2〕

① Ａ：さいきんあついですね。

　　Ｂ：ええ、前よりあつくなりました。

② Ａ：さいきんむずかしいですね。

　　Ｂ：ええ、前よりむずかしくなりました。

③ Ａ：さいきん安いですね。

　　Ｂ：ええ、前より安くなりました。

④ Ａ：さいきんしずかですね。

　　Ｂ：ええ、前よりしずかになりました。

⑤ Ａ：さいきん元気ですね。

　　Ｂ：ええ、前より元気になりました。

⑥ Ａ：さいきんきれいですね。

　　Ｂ：ええ、前よりきれいになりました。

〔말하기3〕

① 元気になりました

② 上手になりました

③ 忙しくなりました

④ さむくなりました

〔듣기1〕

① ええ、おかげさまで (げんき) です。　　　② こちらも (もうあき) ですよ。

③ 私もダイエットが (必要になりました)よ。　　④ 日本のケーキは (とてもおいしい) です。

〔듣기2〕
① 韓国の食べ物がおいしくて顔が丸くなりました。　② ケーキです。

・듣기 문제 스크립트・
聞き取り問題1
1番 ええ、おかげさまで(げんき)です。
2番 こちらも(もうあき)ですよ。
3番 私もダイエットが(必要になりました)よ。
4番 日本のケーキは(とてもおいしい)です。

聞き取り問題2
日本は、もうすっかり秋になりました。韓国ももう秋になりました。
恵理ちゃんは、韓国の食べ物がおいしくて、顔が丸くなりました。
ソラちゃんも、日本のケーキがおいしくて、ダイエットが必要になりました。

第14課

〔쓰기1〕
① ならいます→ならいません→ならいました→ならいませんでした
② かきます→かきません→かきました→かきませんでした
③ はなします→はなしません→はなしました→はなしませんでした
④ まちます→まちません→まちました→まちませんでした
⑤ しにます→しにません→しにました→しにませんでした
⑥ あそびます→あそびません→あそびました→あそびませんでした
⑦ のります→のりません→のりました→のりませんでした
⑧ かえります→かえりません→かえりました→かえりませんでした
⑨ はいります→はいりません→はいりました→はいりませんでした
⑩ おきます→おきません→おきました→おきませんでした
⑪ ねます→ねません→ねました→ねませんでした
⑫ します→しません→しました→しませんでした
⑬ きます→きません→きました→きませんでした

〔쓰기2〕

① 納豆を食べますか。→納豆を食べません。

② 明日帰りますか。→明日帰りません。

③ 今日来ますか。→今日来ません。

④ お酒を飲みますか。→お酒を飲みません。

〔말하기1〕 각자 연습해 보세요.

〔말하기2〕

① Ａ：バスで行きますか。

　　Ｂ：はい、バスで行きます。

　　Ｃ：私はタクシーで行きます。

② Ａ：バスで行きますか。

　　Ｂ：はい、バスで行きます。

　　Ｃ：私は自転車で行きます。

③ Ａ：タクシーで行きますか。

　　Ｂ：はい、タクシーで行きます。

　　Ｃ：私は電車で行きます。

④ Ａ：地下鉄で行きますか。

　　Ｂ：はい、地下鉄で行きます。

　　Ｃ：私はバスで行きます。

〔말하기3〕

① Ａ：夜、うちでなにをしますか。

　　Ｂ：たいていラジオをききます。

② Ａ：夜、うちでなにをしますか。

　　Ｂ：たいていざっしをよみます。

③ Ａ：夜、うちでなにをしますか。

　　Ｂ：たいていべんきょうをします。

④ Ａ：夜、うちでなにをしますか。

　　Ｂ：たいていこどもとあそびます。

〔듣기1〕

① (9 時ごろ) 家に帰ります。　　② 友達は (8 時に) 来ます。

③ (日本語学校のクラスの友達) と行きます。　　④ (バスで) 行きます。

〔듣기2〕

① 8 時ごろ行きます。　　② バスで行きます。

・듣기 문제 스크립트・

聞き取り問題1

1番　(9時ごろ)家に帰ります。

2番　友達は(8時に)来ます。

3番　(日本語学校のクラスの友達)と行きます。

4番　(バスで)行きます。

聞き取り問題2

ソラさんは、日本語学校のクラスの友達と、明日鎌倉へいきます。

鎌倉は、大が有名です。明日の朝、八時に家に友達がきます。

それから、一緒に行きます。鎌倉まではバスで行きます。夜、9時頃家に帰ります。

第15課

〔쓰기1〕

① ご飯を食べながら新聞を読みます。　　② 音楽を聞きながら勉強をします。

③ ギターをひきながら歌をうたいます。　　④ お茶を飲みながら話をします。

〔쓰기2〕

① 食べたい→食べたくない　　② 会いたい→会いたくない

③ 遊びたい→遊びたくない　　④ 休みたい→休みたくない

⑤ したい→したくない　　⑥ 来たい→来たくない

〔말하기1〕

① お茶を飲みに行きます。　　② 友だちに会いに行きます。

③ たばこを買いに行きます。　　　　　④ 映画を見に行きます。

⑤ 勉強をしに行きます。　　　　　　　⑥ 写真をとりに行きます。

〔말하기 2〕

① A：今晩、なにかありますか。

　　B：いいえ、別に…。

　　A：じゃ、なにか食べに行きませんか。

　　B：そうですね。そうしましょう。

② A：今晩、なにかありますか。

　　B：いいえ、別に…。

　　A：じゃ、ゴルフの練習をしに行きませんか。

　　B：そうですね。そうしましょう。

③ A：今晩、なにかありますか。

　　B：いいえ、別に…。

　　A：じゃ、田中さんに会いに行きませんか。

　　B：そうですね。そうしましょう。

④ A：今晩、なにかありますか。

　　B：いいえ、別に…。

　　A：じゃ、野球でも見に行きませんか。

　　B：そうですね。そうしましょう。

⑤ A：今晩、なにかありますか。

　　B：いいえ、別に…。

　　A：じゃ、ドライブしに行きませんか。

　　B：そうですね。そうしましょう。

⑥ A：今晩、なにかありますか。

　　B：いいえ、別に…。

　　A：じゃ、写真をとりに行きませんか。

　　B：そうですね。そうしましょう。

〔말하기 3〕

① A：田原さん、どこかへ行くんですか。

　　B：ええ、これから飲みに行くんですが、金さんもどうですか。

　　A：私も行きたいとおもいますが、お金がないので…。

② A：田原さん、どこかへ行くんですか。

　　B：ええ、これから映画を見るんですが、金さんもどうですか。

　　A：私も見たいとおもいますが、アルバイトがあるので…。

③ A：田原さん、どこかへ行くんですか。

　　B：ええ、これからボーリングをするんですが、金さんもどうですか。

　　A：私もしたいとおもいますが、約束があるので…。

④ A：田原さん、どこかへ行くんですか。

　　B：ええ、これからドライブに行くんですが、金さんもどうですか。

　　A：私も行きたいとおもいますが、いそがしいので…。

⑤ A：田原さん、どこかへ行くんですか。

　　B：ええ、これから花見に行くんですが、金さんもどうですか。

　　A：私も行きたいとおもいますが、宿題がたくさんあるので…。

〔듣기1〕

① いい(におい) がしますね。　　　　② お腹が (ぺこぺこ) です。ひとつ (食べたい) です。

③ (食べながら) 歩きましょう。　　　　④ 劉さんは (何か) 料理をしますか。

⑤ (本当ですか)。今度、食べに行きます。

〔듣기2〕

① 横浜にあります。　　　　　　　　② ギョーザを食べます。

• 듣기 문제 스크립트 •

聞き取り問題1

1番　いい(におい)がしますね。

2番　お腹が(ぺこぺこ)です。ひとつ(食べたい)です。

3番　(食べながら)歩きましょう。

4番　劉(りゅう)さんは(何か)料理をしますか。

5番　(本当ですか)。今度、食べに行きます。

聞き取り問題2

ソラさんは、日本語学校のクラスの友達と、横浜の中華街にいます。

ソラさん達は、中華街で肉まんを食べながら歩きます。

リュウさんは家でギョーザを作ります。ソラさんは、中華料理が大好きです。

ですから、今度リュウさんの料理を食べに行きます。

第16課

〔쓰기1〕

① のまない→のみません

② おわらない→おわりません

③ わからない→わかりません

④ あるかない→あるきません

⑤ ならわない→ならいません

⑥ はいらない→はいりません

⑦ こない→きません

⑧ しない→しません

〔쓰기2〕

① いいえ、あまり飲みません。

② いいえ、あまりしませんでした。

③ いいえ、あまり読みません。

④ いいえ、あまり行きません。

〔말하기1〕

① お酒を飲みに行きます。

② 友だちに会いに行きます。

③ 買い物をしに行きます。

④ おいしいものを食べに行きます。

〔말하기2〕

① Ａ：なにかほしいものがありますか。

　 Ｂ：ええ、わたしはノートパソコンがほしいです。

② Ａ：なにかほしいものがありますか。

　 Ｂ：ええ、わたしはカメラ付きのケータイがほしいです。

③ Ａ：なにかほしいものがありますか。

　 Ｂ：ええ、わたしはデジカメがほしいです。

④ Ａ：なにかほしいものがありますか。

　 Ｂ：ええ、わたしはラジカセがほしいです。

〔말하기3〕

① Ａ：時間がありますか。

　 Ｂ：ええ。

　 Ａ：ラーメンでも食べましょうか。

　 Ｂ：いいですね。そうしましょう。

② Ａ：時間がありますか。

　 Ｂ：ええ。

　　Ａ：たばこでもすいましょうか。

　　Ｂ：いいですね。そうしましょう。

③Ａ：時間がありますか。

　　Ｂ：ええ。

　　Ａ：テレビでも見ましょうか。

　　Ｂ：いいですね。そうしましょう。

④Ａ：時間がありますか。

　　Ｂ：ええ。

　　Ａ：10分ぐらい休みましょうか。

　　Ｂ：いいですね。そうしましょう。

〔듣기1〕

①　今週の（週末）は何をしますか。

②　一緒に浅草に（買い物をしに）行きませんか。。

③　来月一時帰国する（つもり）です。ですから、日本の（お土産）がほしいです。

④　お昼、一緒に（おいしいもの）をたべましょう。

〔듣기2〕

①　日曜日に会います。　　　②　12時に浅草駅で会います。

・듣기 문제 스크립트・

聞き取り問題1

1番　今週の週末は何をしますか。

2番　一緒に浅草に買い物をしに行きませんか。。

3番　来月一時帰国するつもりです。ですから、日本のお土産がほしいです。

4番　お昼、一緒においしいものをたべましょう。

聞き取り問題2

ソラさんは、土曜日ホストファミリーと出かける予定です。

日曜日は、カリーヌさんと浅草に買い物に行く予定です。

カリーヌさんは来月一時帰国するつもりです。

ですから、浅草で日本のお土産を買います。

ソラさんと、カリーヌさんは12時に浅草駅で会います。

お昼には、一緒においしいものを食べる予定です。

〔쓰기1〕

① あそびます→あそびました

② おわります→おわりました

③ わかります→わかりました

④ あるきます→あるきました

⑤ けします→けしました

⑥ ならびます→ならびました

⑦ はいります→はいりました

⑧ やすみます→やすみました

〔쓰기2〕

① こけしという人形です。

② 大仏というぶつぞうです。

③ 中華街というまちです。

④ 田中さんという友達です。

〔말하기1〕

① A：田中さんは？

　B：もう来ましたよ。

　A：中村さんも来ましたか。

　B：いいえ、まだです。

② A：コーヒーは？

　B：もう飲みましたよ。

　A：お酒も飲みましたか。

　B：いいえ、まだです。

③ A：ひろむ君は？

　B：もう行きましたよ。

　A：すすむ君も行きましたか。

　B：いいえ、まだです。

④ A：宿題は？

　B：もうしましたよ。

　A：レポートも書きましたか。

　B：いいえ、まだです。

〔말하기2〕

① A：ゆうべなにかみましたか。

　B：テレビをみました。

　　　　A：えいがもみましたか。

　　　　B：いいえ、えいがはみませんでした。

②　A：ゆうべなにかのみましたか。

　　　　B：コーヒーをのみました。

　　　　A：おさけものみましたか。

　　　　B：いいえ、おさけはのみませんでした。

③　A：ゆうべなにかしましたか。

　　　　B：せんたくをしました。

　　　　A：そうじもしましたか。

　　　　B：いいえ、そうじはしませんでした。

④　A：ゆうべなにかたべましたか。

　　　　B：パンをたべました。

　　　　A：ごはんもたべましたか。

　　　　B：いいえ、ごはんはたべませんでした。

〔말하기3〕

①　せんべいという日本のお菓子　　　②　スジョンガという韓国の飲み物

③　ヨンジュンという友達　　　　　　④　「冬のソナタ」という映画

〔듣기1〕

①　(韓国の冬は) 日本より 寒いですよ。

②　クラスメートと (一緒に) 鎌倉へ行きました。

③　とても大きくて (びっくりしました) 。

④　こけしという (人形) と和紙のすばらしい (カレンダー) を買いました。

⑤　かわいいしおりを買いました。恵理ちゃんに (ひとつ送ります)。

〔듣기2〕

①　カリーヌさんと浅草で買い物をしました。　　②　かわいいしおりを買いました。

・듣기 문제 스크립트・

聞き取り問題1

1番 韓国の冬は日本より 寒いですよ。

2番 クラスメートと一緒に鎌倉へ行きました。

3番 とても大きくてびっくりしました。

4番 こけしという人形と和紙のすばらしいカレンダーを買いました。

5番 かわいいしおりを買いました。恵理ちゃんにひとつ送ります。

聞き取り問題2

ソラさんは、先週の日曜日、クラスメートと一緒に鎌倉と横浜の中華街へ行きました。

中華街では大きな肉まんを食べました。

今日は、カリーヌさんと浅草で買い物をしました。

浅草はとてもにぎやかでした。ソラさんはかわいいしおりを買いました。

その一つを恵理(えり)さんに送りました。

第18課

〔쓰기1〕

① ならいません

② のりません

③ もちません

④ よみません

⑤ ならびません

⑥ なおしません

⑦ おきません

⑧ でません

⑨ はいりません

⑩ いきません

⑪ しません

⑫ きません

〔쓰기2〕

① よくわかりませんからもう一度ききたいです。

② 明日は試験がありますから今日は勉強したいです。

③ 寒いですから 窓(まど)をしめたいです。

④ 勉強が始まりますから 静(しず)かにしたいです。

⑤ お酒をのみましたから早く帰りたいです。

⑥ だれもいませんからはいりたいです。

[말하기1]

① ええ、明日でも構いません。　　② ええ、ローマ字でも構いません。

③ ええ、漢字でも構いません。　　④ ええ、カードでも構いません。

[말하기2]

① Ａ：これでよろしいですか。

　　Ｂ：いいえ、それでお願いします。

② Ａ：ビビンパプでよろしいですか。

　　Ｂ：いいえ、カルビタンでお願いします。

③ Ａ：航空便でよろしいですか。

　　Ｂ：いいえ、船便でお願いします。

④ Ａ：一緒でよろしいですか。

　　Ｂ：いいえ、別々でお願いします。

⑤ Ａ：あしたでよろしいですか。

　　Ｂ：いいえ、あさってでお願いします。

⑥ Ａ：四つでよろしいですか。

　　Ｂ：いいえ、三つでお願いします。

[듣기1]

① 彼女にプレゼントを(おくりたい)です。

② 住所と名前と(れんらくさき)をお願いします。

③ (船便)でお願いします。

④ 小包を(ふなびん)で送るつもりです。

[듣기2]

① 送り先の住所と名前と連絡先、送り主の住所と名前と連絡先を書きます。

② いいえ、船便で送ります。

聞き取り問題1

1番 彼女にプレゼントをおくりたいです。

2番 住所と名前とれんらくさきをお願いします。

3番 船便でお願いします。

4番 小包をふなびんで送るつもりです。

聞き取り問題2

ソラさんは、韓国に小包を送りたいです。

表に送り先の住所と名前と連絡先、送り主の住所と名前と連絡先を書きます。

送り先はハングルでも構いません。

それから荷物をはかりの上におきます。小包は船便で送るつもりです。